本书受到北京大学国家发展研究院腾讯基金资助

北京大学国家发展研究院智库丛书
主编 黄益平

中国投资者情绪指数 2020

China Investors Sentiment Index

沈艳 覃飞 陈贇 著

中国社会科学出版社

图书在版编目（CIP）数据

中国投资者情绪指数.2020／沈艳，覃飞，陈赟著.—北京：中国社会科学出版社，2021.1
ISBN 978-7-5203-7754-6

Ⅰ.①中… Ⅱ.①沈…②覃…③陈… Ⅲ.①投资者—情绪—指数—中国—2020 Ⅳ.①F832.48

中国版本图书馆 CIP 数据核字（2021）第 018246 号

出 版 人	赵剑英
责任编辑	孙砚文
责任校对	李 莉
责任印制	王 超
出 版	中国社会科学出版社
社 址	北京鼓楼西大街甲 158 号
邮 编	100720
网 址	http://www.csspw.cn
发 行 部	010-84083685
门 市 部	010-84029450
经 销	新华书店及其他书店
印 刷	北京明恒达印务有限公司
装 订	廊坊市广阳区广增装订厂
版 次	2021 年 1 月第 1 版
印 次	2021 年 1 月第 1 次印刷
开 本	710×1000 1/16
印 张	10.5
字 数	121 千字
定 价	58.00 元

凡购买中国社会科学出版社图书，如有质量问题请与本社营销中心联系调换
电话：010-84083683
版权所有　侵权必究

前　　言

中国股市自1989年开始试点，到1990年11月上海证券交易所成立、12月深圳证券交易所试营业、1992年10月中国证监会成立至今，已经走过30多年的光阴。走过辉煌时刻和低谷时期，中国股市在不断自我完善的过程中发展，取得了巨大的成就。目前总市值达到亚洲最大，成为规模仅次于美国股市的全球第二大市场。但不容忽视的是，同世界发达国家的股市相比，中国股市仍然存在一些不同的特征。例如，主要发达国家市场以机构投资者为主，而中国股市投资者结构以散户投资者为主。根据中国证券业发布的《2019年度全国股票市场投资者状况调查报告》显示，截至2019年12月31日，全国股票投资者中，自然人投资者占比99.76%。

在以散户为主导的市场中，投资者的情绪容易出现共振，可能会影响股市走势。例如，2007年10月16日，上证指数到达历史最高的6124点，投资者情绪高昂；但仅在一年后的2008年10月28日，上证指数探底至1664点，投资者情绪也悲观至极点。投资者情绪究竟是对市场活动的被动反应，还是对市场具有预测能力，对于理解中国投资者和股市关系、对于数字时代的金融市场监管，均具有重要意义。但是，由于投资者情绪是一个抽象概念，量化这一情绪具有很大挑战，国内缺少长期追踪和度量投资者情绪的相应指数，导致金融市场、研究人员和监管方要理解和评估投资者情绪和中国股票市场发展之间的关系存在较大困难。

为应对量化投资者情绪的困难，我们收集网络上能反映投资者情绪的上亿条金融文本大数据，使用机器学习、深度学习等方法来提取文本信息，并在此基础上构造中国投资者情绪指数（China Investors-Sentiment Index，CISI）。在此基础上，本书通过刻画每个月、每个季度和年度投资者情绪，为各方进一步分析投资者情绪和股市之间的关系提供新的信息和视角。除了介绍投资者关注和投资者情绪的一级指数之外，我们还构建了分板块、行业和风格的中国投资者情绪指数体系的二级子指数，目标是从多角度刻画投资者情绪，帮助读者全方位多层次地了解散户投资者与中国股票市场之间的关系。

2019年中国投资者情绪有如下主要特征。第一，2019年投资者关注度一度很高，其中5月投资者关注度为189.4，在过去十年中排名第二。第二，从情绪指数看，2019年中国投资者情绪指数月度均值为42.75，最高值为45.9，最低值为40.3，在2008年至今一段时间内属于较低水平。第三，从板块来看，2019年创业板的投资者情绪指数月度均值最高，中证500最低。第四，就行业来看，2019年休闲服务、食品饮料、建筑材料、家用电器、金融等行业投资者情绪向好。第五，2019年消费风格的投资者情绪指数最高，成长风格最低。

本书分为上下两篇。为帮助读者对投资者情绪指数的构建过程有所了解，上篇（第一章）主要介绍中国投资者情绪指数的构建方法；下篇则介绍2019年全年的中国投资者情绪指数。其中，第二章到第五章分别描述 2019 年各个季度的中国投资者情绪，并依次描述该季度每个月的中国投资者情绪。第六章总结 2019 年全年的情况，包括梳理与总结 2019 年影响中国投资者情绪指数的重大事件、2019 年中国投资者情绪指数一级指数及二级指数等内容。

目　　录

上篇　中国投资者情绪指数的构建

第一章　中国投资者情绪指数介绍 …………………………（3）
第一节　人工构建标注数据与情绪词典 ………………………（5）
第二节　帖子数据的文本预处理 ………………………………（8）
第三节　计算单个帖子情绪 ……………………………………（10）
第四节　中国股市文本情绪指数构建 …………………………（12）
第五节　文本情绪指数与市场变量的关系 ……………………（17）

下篇　中国投资者情绪指数 2020

第二章　2019 年第一季度中国投资者情绪指数 ……………（21）
第一节　2019 年第一季度投资者情绪简述 …………………（21）
第二节　2019 年 1 月中国投资者情绪指数 …………………（27）
第三节　2019 年 2 月中国投资者情绪指数 …………………（34）

第四节　2019 年 3 月中国投资者情绪指数 ……………………（41）

第三章　2019 年第二季度中国投资者情绪指数 ………………（50）
　　第一节　2019 年第二季度投资者情绪简述 ……………………（50）
　　第二节　2019 年 4 月中国投资者情绪指数 ……………………（56）
　　第三节　2019 年 5 月中国投资者情绪指数 ……………………（64）
　　第四节　2019 年 6 月中国投资者情绪指数 ……………………（73）

第四章　2019 年第三季度中国投资者情绪指数 ………………（81）
　　第一节　2019 年第三季度投资者情绪简述 ……………………（81）
　　第二节　2019 年 7 月中国投资者情绪指数 ……………………（87）
　　第三节　2019 年 8 月中国投资者情绪指数 ……………………（95）
　　第四节　2019 年 9 月中国投资者情绪指数 ……………………（103）

第五章　2019 年第四季度中国投资者情绪指数 ………………（112）
　　第一节　2019 年第四季度投资者情绪简述 ……………………（112）
　　第二节　2019 年 10 月中国投资者情绪指数 …………………（118）
　　第三节　2019 年 11 月中国投资者情绪指数 …………………（126）
　　第四节　2019 年 12 月中国投资者情绪指数 …………………（134）

第六章　中国投资者情绪指数 2019 全年小结 …………………（143）
　　第一节　2019 年影响中国投资者情绪指数的重大事件 ………（143）
　　第二节　2019 年中国投资者情绪指数一级指数 ………………（146）

第三节　中国投资者情绪指数二级指数……………………（149）
第四节　总结……………………………………………………（154）

参考文献……………………………………………………………（155）

上　篇
中国投资者情绪指数的构建

第一章

中国投资者情绪指数介绍

中国投资者情绪指数（China Investors, Sentiment Index, CISI）是在收集网络能反映投资者情绪的上亿条金融文本大数据的基础上，使用深度学习方法，度量文本信息，以反映中国散户投资者情绪的新工具。该指数不仅包含过去市场信息，也能反映投资者投资意愿和对市场走势的预期。加入投资者情绪指数后，对市场收益率、波动、交易量的预测均能得到改进，可作为企业经营活动、金融机构存贷款决策、资产管理的新参考；也为政策制定部门和监管部门进行预期管理提供新信息。

从2018年11月起，北京大学国家发展研究院和百分点公司按月联合发布中国投资者情绪指数体系中的关注度指数和情绪指数。其中，关注度指数度量散户投资者对A股上市公司的关注程度，年度指数以2013年关注度为基准值100、月度指数以2013年8月关注度为基准值100。关注度指数越高则关注程度越大，反之，越低则越小。投资者情绪指数度量投资者在股票投资中表现出的乐观或者悲观的程度，该指数值域为0到100，其中0表示极度悲观，50表示不悲观也不乐观，100表示极度乐观。

中国投资者情绪指数体系二级子指数分板块、行业和风格三个子指数。板块投资者情绪子指数计算了中证500、上证50、中小板和创业板投资者情绪指数。其中，中证500投资者情绪指数反映对沪深300以外市值排名前500的中小市值公司股票价格的情绪；上证50情绪指数则反映对上海市场主要反映龙头企业的情绪；创业板指数反映投资者对暂时无法在主板上市的创业型企业、中小企业和高科技产业企业的情绪；而中小板则是对流通盘约1亿元人民币以下的创业板块的情绪。投资者行业情绪子指数则采用中信一级行业分类将沪深两市上市公司划分为27个行业并计算投资者情绪指数。投资者情绪风格子指数将股票分为成长、稳定、周期、金融、消费五大类风格并分别计算情绪指数。

为构建中国投资者情绪指数，我们采集某论坛投资者对股市展开讨论的帖子作为基础的文本数据，我们的目标是将这样的非结构化文本数据转化为结构化的可以反映散户投资者情绪的数值。构建过程可以分为四个步骤。作为有监督的机器学习案例，首先需要获得后续计算情绪指数的训练集，而这就涉及如何标注文本中的情绪。为此，构建指数的第一步需是随机抽取部分帖子，人工阅读帖子内容，挑选帖子中的情感关键词并标注帖子的情绪类别。第二步是对网络论坛的帖子数据进行文本预处理。采用文本分词技术将帖子内容切割成一个个词语，并过滤掉停用词、标点符号和数字；之后采用词向量表示技术将帖子中的词语表示成向量，并进一步将帖子内容转化为向量或矩阵。第三步则采用词典法和机器学习、深度学习等方法，训练最优模型，并计算单个帖子的情绪值。第四步是汇总单个帖子情绪，构建市场层面的投资者情绪指数。具体构建步骤如图1-1所示。

第一章　中国投资者情绪指数介绍 | 5

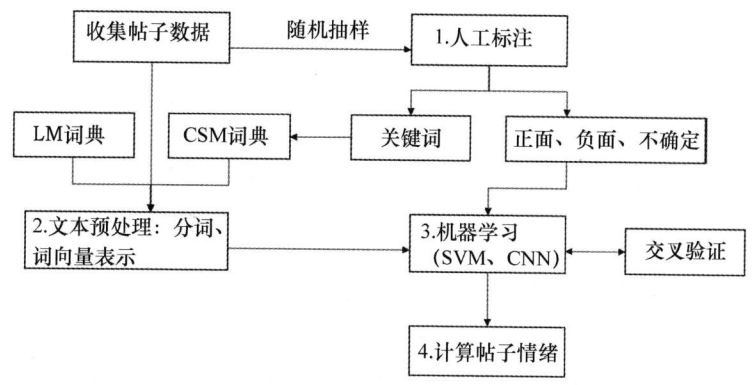

图 1-1　中国投资者情绪指数构建步骤

本章按照上述步骤介绍指数的构建方法。第一节介绍标注数据和情绪词典的构建方法；第二节介绍如何将散户投资者在互联网论坛发布的帖子数据做文本预处理；第三节介绍如何计算单个帖子的情绪；第四节介绍投资者情绪指数的一级指数和二级指数构建方法。最后，我们在第五节刻画了文本情绪指数跟市场变量之间的关系，以说明投资者情绪指数对中国股市的解释能力。

◇◇ 第一节　人工构建标注数据与情绪词典

1. 标注集构建

构建情绪指数的重要步骤是标注散户投资者的文本帖子中蕴含的情绪。这一工作的挑战最主要来源于散户投资者的语言不同于媒体新闻或者其他机构的正式文件,常常充满错别字和行话。要准确计算上亿条文本中蕴含的情绪,人工标注集的准确性至关重要。为此,北京大学国家发展研究院组织包含谷歌工程师(1人)、国际一流大学经济学教授(1人)、国家发展研究院教授(2人)、国家发展研究院金融方向的硕士和博士研究生(18人)、自身散户投资者(2人)的研究团队来构建标注集。在对标注人员做了超过20小时的培训和测试之后,我们让2人作为一组,独立标注每条帖子的情绪。我们挑选了沪深市值最大的200只股票,并在每只股票中随机抽取了200条帖子,形成了包含4万条帖子的训练子样本。我们将它们交给标注团队来完成后续的标注任务。

标注人员的工作是阅读帖子内容后,将每条帖子的情感分成以下三类:"正面"(Positive)、"负面"(Negative)或"不确定"(Ambiguous)。例如,如果一个帖子被标记为正面(负面),如果帖子内容建议其他人购买(出售)该股票;有些帖子(如广告)可能没有明确的正面或负面语气,因此被贴上"不确定"的标签。此外,标注团队在标注过程中还需要提供帖子中帮助他们作出判断的关键情感词列表。为避免帖子语义含糊而带来标注特征不明显的问题,在每位标注人员完成标注后,我们仅保留两位标注人员标注一致的帖子。对于不一致的帖子,由两位博士生进一步阅读作标注,如果可以标注一致则加入前述标注集,否则就排除。经过上述步骤,我们获得的人工标注集共包含27999条有效的标注帖子,其中正面、负面和不确定类别的帖子数分别为9288条、15373条和3338条。

2. 情绪词典构建

词典法是文献中最常用的提取文本情绪的方法，它通过统计词典中相应单词列表中指定的正面词语和负面词语的数量来度量文本的语调。正如 Loughran and McDonald（2011a, 2016b）所强调的，这种方法的有效性关键取决于词典与当前文本语境的相关性。因此，在使用词典法来度量帖子的情绪时，我们采用了两个情绪词典。第一个词典是在国外金融文献里常用的 Loughran and McDonald（2011）词典（简称"LM"词典）。Loughran and McDonald（2011）从美国上市公司的财报（10 – K）中收集整理了与金融相关的正面和负面词汇并构建了 LM 词典，它总共包含 353 个正面词汇和 2337 个负面词汇。我们使用三种翻译工具[①]将 LM 词典中的词语翻译成对应的中文词语，每个英文单词都会被翻译成若干个中文词语，我们通过人工阅读过滤的方法，删掉明显不合理的情绪词语。最终，LM 词典的中文版本包含了 608 个正面词汇和 2274 个负面词汇，我们将其称为"中文 LM 词典"。

第二个词典是我们构建的中国股票市场情绪词典（China Stock Market Sentiment Dictionary, CSM）。前面在人工阅读帖子构建标准集的过程中，标注人员为每个帖子挑选出了帮助他们判断帖子情绪的关键词。这些关键词既有明显的情感倾向，又与网络论坛的语境非

[①] 翻译工具为谷歌翻译、百度翻译和有道翻译。

常相似，因此它们被用来构建我们的 CSM 词典。我们通过手动整理这些关键词，并过滤掉明显不合理的词语后，再将其与 LM 中文词典进行拼接，最终在我们的 CSM 词典里总共包含了 3731 个正面词语和 8058 个负面词语。后续我们基于 CSM 词典来统计帖子的情感词频，并计算单个帖子的情感得分。

◇◇ 第二节　帖子数据的文本预处理

1. 文本分割

对帖子进行文本情绪计算之前，我们首先使用 Python 软件包 "jieba"[①] 将文本帖子的内容解析为一个个单独的词语。我们除了使用 "jieba" 自带的默认词典，还补充了三个中文词典来提高分词的准确性，它们是：（1）前面构建的 CSM 情绪词典；（2）人工整理的包含 A 股全部上市公司名称的词典；（3）来自搜狗词库[②]的金融术语通用词典。

和英语一样，汉语也有停用词。停用词是指那些非常常见的字词，删掉它们不会影响句子传递的信息，因此停用词通常在文本分

[①] https://github.com/fxsjy/jieba。访问时间：2020 年 10 月 11 日。该软件包常用于计算语言学领域中针对中文文本的分词解析任务，如：Zhang and Le Cun（2015），Zhang et al.（2015）。

[②] https://pinyin.sogou.com/dict/detail/index/15127? rf = dictindex。访问时间：2020 年 10 月 11 日。

析过程中会被直接过滤掉。这里我们参照文本分析中的常规处理方法（Gentzkow et al.，2019），删除停用词①、标点、字母以及在整个帖子样本中出现次数少于10次的词语。经过上述这些处理后，可以大大减少后续文本分析的工作量，降低机器学习模型的维度，并提高模型计算情绪的准确率。

2. 词向量表示

使用机器学习方法（支持向量机或卷积神经网络）计算文本情绪时，需要将每条帖子的文本作为输入，然后输出对应情绪类别的特定概率。在这个过程中，输入环节首先要做的是如何将帖子中的词语表示为数字向量。我们采用的是 Word2vec 的词向量表示技术。Word2vec 方法将每个单词转换成一个 K 维实向量（$K \ll n$），并且语义相近的词语对应于距离相近的向量，这里的距离指的是向量的欧式距离。参照 Mikolov et al.（2013a）和 Mikolov et al.（2013b）的做法，我们选择使用 skip-gram 模型来实现 Word2vec 表示法。该模型的基本思想是使用每个词语来预测其周围的词语，并以最大化该预测问题的似然函数为目标来确定最终估计的词向量。由于 Word2vec 模型属于无监督学习的方法，因此在提供帖子文本数据之后，模型会自动学习优化，训练完成之后每个词语都可以被一个 K 维实向量表示。

---

① https://github.com/fxsjy/jieba/blob/master/extra_dict/stop_words.txt。访问时间：2020年10月11日。

◇◇ 第三节　计算单个帖子情绪

1. 词典法

情绪词典包含了预先设定好的正面情感词汇列表和负面情感词汇列表，我们分别用 *PosList* 和 *NegList* 来表示。每个帖子的文本情绪是通过统计这些单词列表中的正面、负面词语的频率，结合不同的加权方法计算得到的，其中加权方法反映了词语的重要性。我们采用的加权方法是词频—逆文档（Term Frequency-Inverse Document Frequency，TFIDF）法，即认为文档中词语的重要性是由词语出现的频率以及词语本身是否常见来共同决定的。我们按照 Loughran and McDonald（2011）的做法，将词语 j 在帖子 i 的权重调整为：

$$\widetilde{W}_{i,j} = \frac{1 + \log(W_{i,j})}{1 + \log(\text{帖子}i\text{的词语数})} \times \log\left(\frac{\text{总帖子数}}{\text{包含词语}j\text{的帖子数}}\right)$$

其中 $W_{i,j}$ 是词语 j 在帖子 i 中出现的次数，$\dfrac{1+\log(W_{i,j})}{1+\log(\text{帖子}i\text{的词语数})}$ 度量的是词语 j 在帖子 i 中出现的频率占比，第二项 $\left[\log\left(\dfrac{\text{总帖子数}}{\text{包含词语}j\text{的帖子数}}\right)\right]$ 度量的是词语 j 在帖子中是否常见。因此在 TFIDF 加权方法下，帖子 i 的情绪得分定义为：

$$score_i = \frac{\sum_{j \in PosList} \widetilde{W}_{i,j} - \sum_{j \in NegList} \widetilde{W}_{i,j}}{\sum_{j \in PosList} \widetilde{W}_{i,j} + \sum_{j \in NegList} \widetilde{W}_{i,j}}$$

2. 支持向量机和卷积神经网络

我们将样本中每个帖子 i 表示为 (x_i, y_i)，其中标注变量 y_i 在 $\{Pos, Neg, Amb\}$（即对应 $\{$正面、负面、不确定$\}$）中取值，而"特征"变量 x_i 是帖子文本内容的向量表示。这里 x_i 是帖子 i 中每个词语向量的平均值，而词语的向量分别采用独热法（One-hot）或 Word2vec（$K=200$）的表示方法来生成。标注变量 y_i 本身是不可观测到的，只有在人工阅读帖子 i 的时候，y_i 才会被观察到。支持向量机的作用是，根据所观察到的帖子特征 x_i，估计出帖子情感分别属于这三种类别的条件概率，即：

$$P(y_i = c \mid x_i), \ c \in \{Pos, Neg, Amb\}$$

相应地，帖子的情绪得分可以表示为：

$$score_i = P(y_i = Pos \mid x_i) - P(y_i = Neg \mid x_i)$$

关于 SVM 算法更详细的介绍，可以参见 James et al.（2013）第 9 章和 Hastie et al.（2017）第 12 章。这里我们不做详细的介绍。关于对 CNN 更全面的讨论，可以参见 Le Cun et al.（1998），Kim（2014）和 Goodfellow et al.（2016）的研究。

3. 模型训练

我们采用常规的样本外模型评价框架，对不同分类方法的准确率进行比较。根据机器学习文献中的标准处理方法,我们将已经标记好的样本集按一定比例随机分为三个子样本,分别是:训练集(60%)、验证集(20%)和测试集(20%)。其中训练集被用于估计 SVM 和 CNN 模型中的参数,而验证集用于确定模型的调优参数,它们包括 SVM 中的代价参数 C,以及 CNN 中过滤器的数量和模型提前停止训练的时点等。我们挑选出在验证集上表现最好的模型,作为最优模型。最后测试集被用于计算模型的分类准确性,即评估最优模型在样本外的表现。最优模型用于计算未标注帖子的情绪。

◇◇第四节 中国股市文本情绪指数构建

在构建市场层面的文本投资者情绪指数时,我们采用自下而上的方法,即首先加总单个股票帖子的情绪得分来获得个股的情绪指数,再从个股加总得到市场层面的文本情绪指数。我们使用三种不同的方法(CSM 词典、SVM 和 CNN)来计算单个帖子的情绪值,因此一个帖子同时对应三个情绪得分。这里帖子的情绪得分为 [−1,1] 内的连续值,更高的值表示更乐观的文本语调。

我们以沪深 300 指数的日度情绪为例,介绍我们市场情绪指数的具体构建方法。首先,对于沪深 300 指数成分股中的每一只股票 i,我们计算该股票在交易日 $t-1$ 下午 3 点至交易日 t 下午 3 点所有帖子的平均情绪得分,将其作为它在交易日 t 的日度文本情绪指数。这样设计的目的是让情绪与日度收益率完全匹配。同时需要注意的是，由于存在节假日，日度情绪计算时使用到的帖子此时会覆盖多个自然日（即时间跨度大于24小时）。然后，我们将个股层面的日度情绪指数按照股票市值（即上市公司的A股流通市值）加权平均得到市场层面的日度情绪指数。我们对不同文本分析方法计算的帖子情绪进行加总，从而得到三个市场层面的文本情绪指数，我们将这些指数分别称为词典法（Dictionary）、支持向量机（SVM）和卷积神经网络（CNN）情绪指数。在实际的指数报告中，我们选取预测准确率最高的SVM情绪指数作为我们最终的投资者情绪指数进行发布。

由于这些指数是基于不同的文本分析方法构建的，也就没有任何机制让这些指数间存在相似性；但如果它们分别从不同角度，抓住了潜在的文本情绪的主要信息那么就可能高度相关。表1-1报告了Dictionary、SVM和CNN市场日度情绪指数之间的相关系数。可以发现，在市值加权方法下，SVM与CNN情绪指数之间的相关系数为0.96，它们与词典法情绪指数的相关系数分别为0.90和0.87。在等权重加权方法下，不同情绪指数之间的相关系数也表现出相同的特征。这些高的相关性表明使用不同方法计算得到的情绪指标确实衡量了相同的潜在"真实"的文本情绪，同时我们选择不同的文本分析方法度量的情绪指数也是稳健的。因此，为了简化后面实证部分的分析和讨论，我们进一步将Dictionary、SVM和CNN指数进行标准化处理，再将三者取平均值，我们将其称为中国投资者情绪指数（China Investors Sentiment Index，CISI）。根据表1-1可以发现，CISI与这三个单独的成分指数都是高度相关的。我们将所有指数都标准化处理为均值为0和标准差为1的序列，并且在后续回归分析中主要报告和讨论 CISI 的结果。当使用单个情绪指数时，我们研究的主要结论依然是稳健的。

表 1-1　　　　　　　　不同市场情绪指数的相关系数

	市值加权				等权重			
	Dictionary	SVM	CNN	CISI	Dictionary	SVM	CNN	CISI
Dictionary	1.000				1.000			
SVM	0.895	1.000			0.915	1.000		
CNN	0.874	0.963	1.000		0.905	0.952	1.000	
CISI	0.952	0.982	0.975	1.000	0.965	0.981	0.977	1.000

注：表中报告了不同市场情绪指数之间的相关系数。其中 Dictionary、SVM 和 CNN 分别为不同文本分析方法计算得到的日度情绪指数序列，CISI 为这三种日度情绪序列标准化后求平均后得到的序列。左边报告了市值加权下的不同市场情绪指数之间的相关系数，右边报告了等权重下的不同市场情绪指数之间的相关系数。

构造好投资者情绪指数之后，我们首先考察 2008 年至今中国投资者情绪指数的走势。图 1-2 画出了 2008—2019 年 CISI 的日度时间序列（按市值加权）以及其 22 天的移动平均序列。可以看到，投资者情绪指数表现出很强的持续性，尤其是在 2015 年中国股票市场股灾期间，投资者情绪出现明显的下降，此后情绪的大趋势处于缓慢恢复中。

表 1-2 报告了日度 CISI 序列和同期沪深 300 指数的日度收益率、对数交易量和对数已实现波动率[①]等股票市场变量的基本描述

---

① 已实现波动率通过常规交易时间内，沪深 300 指数的 5 分钟收益率的平方和计算得到。

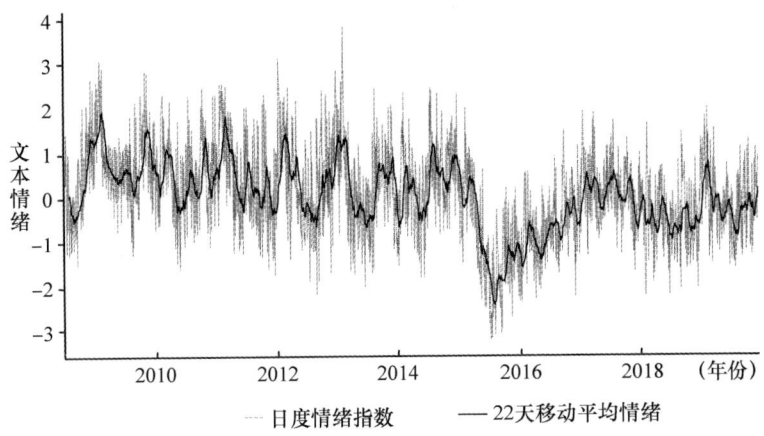

图 1-2 中国股市日度情绪序列图

注：图中显示了中国股票市场日度投资者情绪序列图。其中，虚线表示 CISI 指数的日度时间序列特征，实线表示了 CISI 指数 22 天的移动平均序列。

性统计结果。表 1-2 中有如下三点主要信息。第一，与其他序列相比，CISI 序列的分布接近正态分布，其偏度接近于 0（-0.020），峰度值也很小（0.127）。第二，CISI 和主要市场变量的相关性各异（第 5 行）。投资者情绪与股票收益率之间存在明显正相关，相关系数为 0.240。与市场的交易量和波动性间存在负相关，尽管这种相关性的程度比较小。第三，投资者情绪具有持续性，这主要从 CISI 序列存在较强自相关这点中体现。其一阶自相关系数为 0.643，并且其滞后 22 期（约一个月）的自相关系数仅下降一半左右。与此相对应的是，日度的市场收益率序列基本上是不相关的（一阶自相关系数 =0.034）；当然，对数交易量和对数已实现波动率序列表现出的较高和缓慢衰减的自相关系数，这两个序列比 CISI 序列持续性更强。

表 1-2　　　　　　　　文本情绪和市场变量的描述性统计

	CISI	Return	Volume	Volatility
均值	0.000	0.016	22.823	0.120
标准差	1.000	1.679	0.646	1.019
偏度	-0.020	-0.507	0.675	0.300
峰度	0.127	4.069	0.521	0.105
与 CISI 相关系数	1.000	0.240	-0.083	-0.108
自相关系数				
滞后 1 期	0.643	0.034	0.936	0.820
滞后 2 期	0.552	-0.034	0.909	0.788
滞后 3 期	0.518	0.002	0.892	0.765
滞后 4 期	0.482	0.064	0.876	0.744
滞后 5 期	0.541	-0.002	0.862	0.728
滞后 22 期	0.318	-0.001	0.741	0.602

注：本表报告了文本情绪和市场变量的基本描述性统计量。其中 CISI 为市场层面的日度情绪指数，Return、Volume、Volatility 分别为 CSI 300 指数的日度收益率（百分比），对数交易量（份额）和对数已实现波动率。表中上半部分报告了这些变量的基本描述性统计量，下半部分则报告了这些变量的自相关系数。

表 1-2 中的相关系数和自相关统计量表明，日度的 CISI 与日度市场变量之间虽然相关，但仍然存在一定的差异。因此，为了更直观地度量这些变量之间的同期关系，我们将交易日 t 的 CISI 对当天的市场收益率（R_t）、对数交易量（Vlm_t）和对数已实现波动率（RV_t）进行回归，并且在模型中进一步控制了周度虚拟变量，以及滞后 5 期的市场收益率、对数交易量和对数已实现波动率。估计模

型如下：

$$CISI_t = 9.068 + 0.138 \times R_t - 0.084 \times Vlm_t - 0.005 \times RV_t + \hat{\delta} \times Controls_t + \hat{\varepsilon}_t,$$
$$\quad\quad (0.670) \quad\quad (0.011) \quad\quad (0.106) \quad\quad (0.042)$$

其中括号里面报告了采用 8 阶滞后调整的 Newey and West (1987) 稳健标准误。回归结果进一步表明 CISI 与同期市场收益率之间的正相关关系在统计意义上也是显著的。该回归模型的调整 R^2 为 33.5%，这表明 CISI 中还有很大一部分信息是不能被同期和滞后的市场变量所刻画或解释的。

◇◇ 第五节　文本情绪指数与市场变量的关系

我们进一步在市场层面和个股层面检验了中国投资者情绪指数与市场变量之间的关系，囿于篇幅，这里我们总结主要的实证发现结果。

在市场层面的研究分析中，我们基于非市场交易时间段的网络论坛帖子构建了市场隔夜情绪指数。我们发现，构建的市场隔夜情绪指数能够显著正向预测市场的隔夜收益率，并且隔夜情绪指数对隔夜收益率的影响在市场波动大和投资者关注高的时期更强。我们发现，隔夜情绪指数能预测下午开盘后的前两个半小时的收益率，并且隔夜情绪对于收益率的累积影响在一周内不存在完全反转现象。我们还发现隔夜情绪与未来的交易量和波动率相关。当文本情绪异常高涨或低落时，市场未来的交易量和波动率都会增加。

在个股层面的分析中，我们发现基于网络论坛帖子构建的个股日度中国投资者情绪指数对该股票未来的日度收益率有显著的正向预测能力。我们还发现，在该上市公司有新闻报道期间，投资者情绪指数对收益率的预测能力更强。这并不是由媒体报告的语气影响的，因为控制媒体语调后，投资者情绪的预测能力仍然存在。

下 篇
中国投资者情绪指数 2020

第二章

2019 年第一季度中国投资者情绪指数

◇◇ 第一节　2019 年第一季度投资者情绪简述

1. 2019 年第一季度投资者情绪简介

本节我们总结 2019 年第一季度（1—3 月）情绪指数的基本特征，并在后面各小节分别介绍每月详细的投资者情绪发展和变化情况。总体来看，在中美贸易磋商进展积极、国内政策利好等因素下，投资者情绪指数处于较高的位置。具体表现为：第一，投资者情绪指数处于过去 4 年的较高位置，过去 12 年的中等位置；第二，跟过去 5 个季度相比，无论是情绪指数水平和关注度，还是分行业、分风格的投资者情绪指数均为最高。我们从六个角度来刻画第一季度投资者情绪的基本情况。

第一，受央行降准、中美贸易磋商进展积极和科创板落地等政策利好的影响，在 2019 年第一季度中国投资者情绪指数整体走高。

在2015年7月至今,第一季度中国投资者情绪指数处于相对高位,而从2008年7月至2019年3月,第一季度的投资者情绪指数也处于中部位置。因此,在2018年"去杠杆"的大背景下,投资者情绪虽然表现较低迷,但在2019年年初政策利好的推动下,中国投资者情绪指数摆脱低迷态势,于2019年第一季度中期创短期新高。

第二,关注度指数在2019年第一季度加速上升是本季度关注度指数最明显的特征。2019年3月,投资者关注度指数大涨至246.6,为2018年3月起12个月的最高点(见图2-1)。

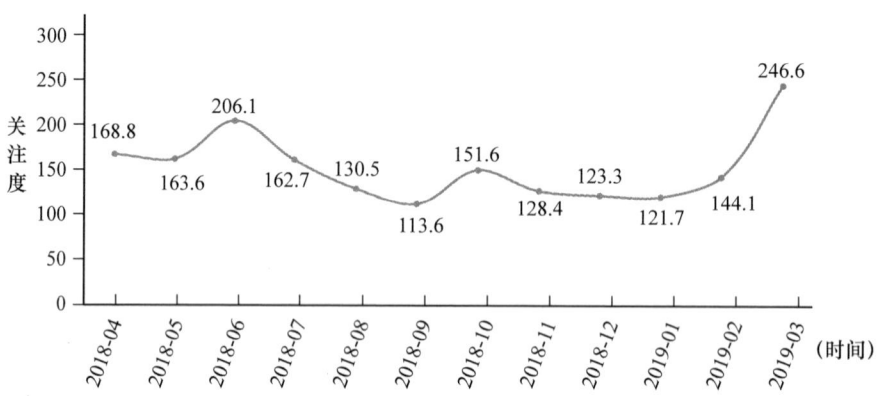

图2-1 投资者关注度:2018-04—2019-03

与关注度的上涨相应,投资者情绪指数也大幅上扬。在2019年第一季度前两个月均大幅上涨,并在2019年2月达到了45.9,为过去12个月的最高点;但在3月则迅速下滑至42.1(见图2-2)。这主要可能是因为前两个月受到利好政策的刺激导致股市大涨,投资者情绪也随之上涨;但由于政策利好落地,以及投资者对股市未来上升空间持谨慎态度导致3月指数大幅下滑,从而情绪与关注度背离的走势。

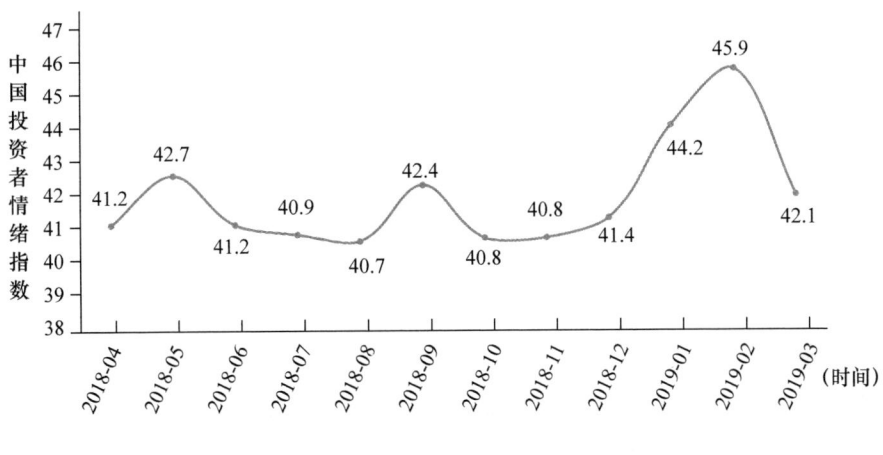

图2-2 投资者情绪：2018-04—2019-03

第三，在央行降准、中美贸易磋商进展积极等利好影响下，股市迎来一波反弹，中国投资者情绪指数也得以改善，但在不同的行业间存在明显的差异。其中休闲服务、食品饮料、医药生物、建筑材料、房地产等行业的投资者情绪表现最好，而纺织服装、有色金属、综合、建筑装饰、通信这5个行业的投资者情绪则表现最差（见图2-3）。

第四，除了投资者情绪的水平值之外，我们进一步考察情绪的波动情况。图2-4将2019年第一季度的投资者情绪按照平均情绪水平和方差分为四个象限。其中，左上象限是情绪水平高、波动低，表明投资者持续乐观；右上象限是情绪水平高、波动高，反映一个月内对该行业不同投资者虽然总体看好但不一致程度也较高；左下象限为情绪低、波动低，说明投资者当月对该行业较悲观；而

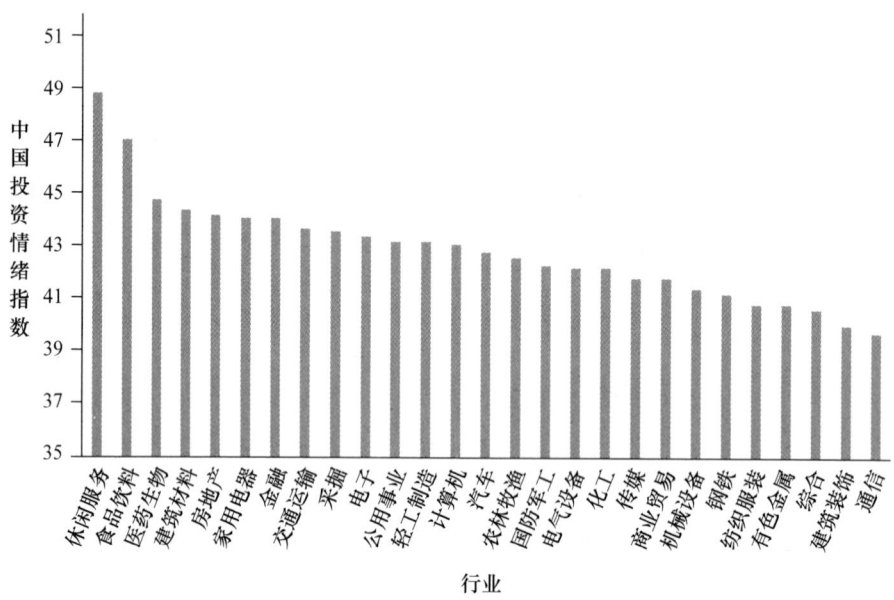

图 2-3 2019 年第一季度分行业平均情绪

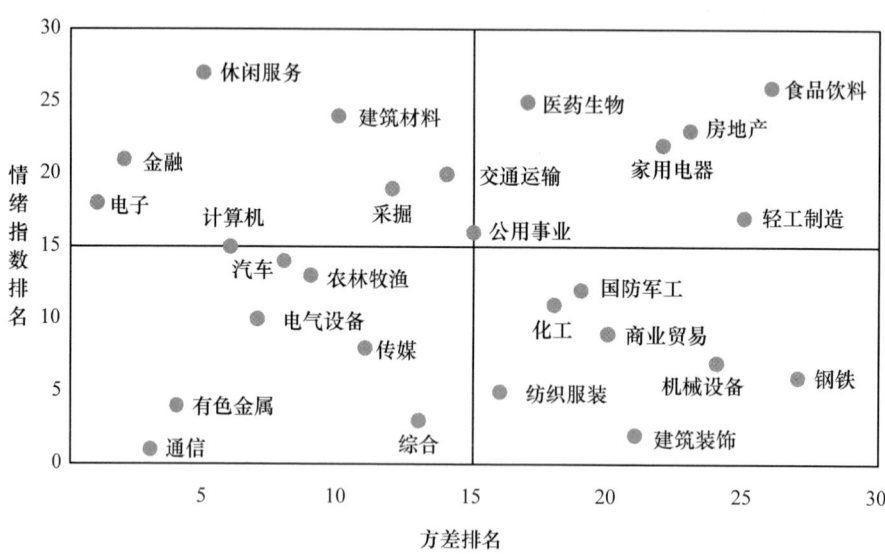

图 2-4 2019 年第一季度分行业情绪水平与波动程度

右下象限则是情绪低、波动高，说明在悲观的基调下也有乐观的要素。总体来看，第一季度投资者对休闲服务、建筑材料等行业持续乐观，对通信、有色金属等行业情绪水平相对低，食品饮料、房地产、医药生物情绪总体水平高但是波动大，而钢铁、机械设备等行业投资者情绪偏悲观且情绪波动也比较大。

第五，从分板块的投资者情绪来看，图 2-5 显示，2019 年第一季度创业板的投资者情绪指数最高，上证 50 其次，中证 500 的投资者情绪指数最低；与 2018 年同期相比，创业板、上证 50、中小板和中证 500 的投资者情绪指数均显著高于 2018 年同期，且显著高于过去 5 个季度的各个板块。

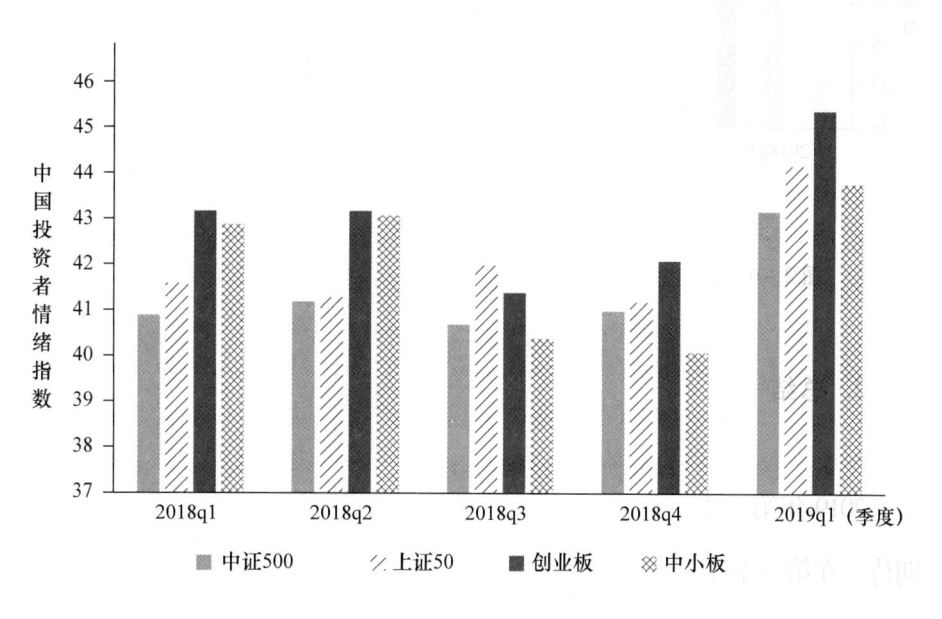

图 2-5　2018 年 4 个季度及 2019 年第一季度分板块的投资者情绪

第六，从不同风格的投资者情绪来看，图 2-6 显示，2019 年第一季度的消费风格投资者情绪指数最高,金融风格投资者情绪指数其次,稳定风格投资者情绪指数最低。与2018年同期相比,消费、周期、成长、金融和稳定风格的投资者情绪指数均高于2018年同期,也高于过去每个季度的水平。

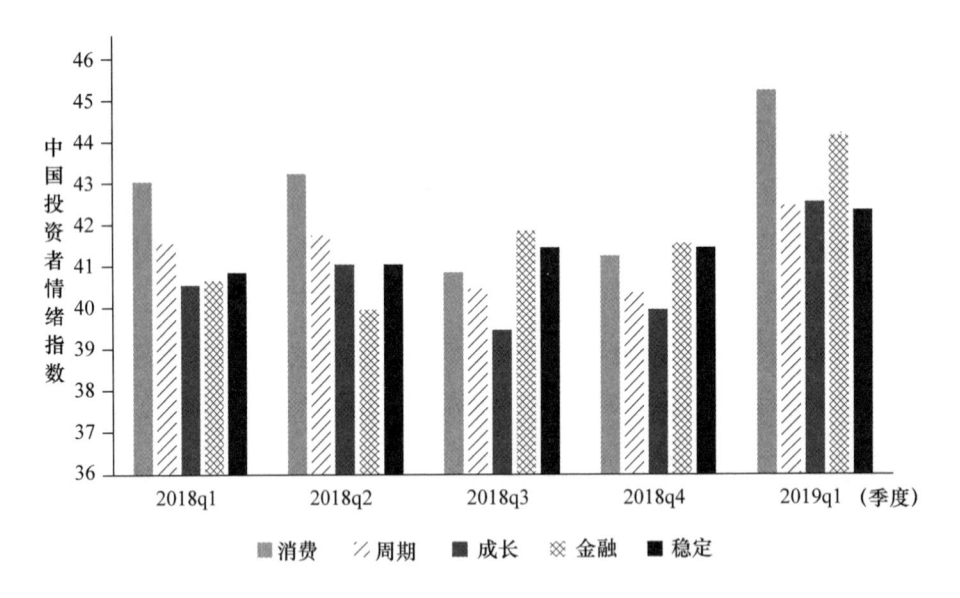

图2-6 2018年4个季度及2019年第一季度分风格的投资者情绪

2. 总结

2019年第一季度是不平凡的一个季度,金融市场承载着投资者很多期待。在第一季度,国内方面,中国人民银行下调金融机构存款准备金率1个百分点;刘鹤副总理访美磋商经贸问题,取得了积极进展;证监会发布公告在上海证券交易所试点科创板。国际方面,美联储宣布维持联邦基金利率不变并暗示将于年内结束缩表;英国议会投票否定无协议脱欧。在国内和国际形势整体趋好的大背景下,股市出现了短暂的上涨,投资者信心有所回升,第一季度中国投资者情绪指数整体走高。

在过去12年中,2019年第一季度的投资者情绪指数处于相对中等偏上位置,而在2015年股灾后处于相对高位,投资者情绪指数反弹明显。与之相对应的关注度指数在2019年第一季度加速上升,并在2019年3月大涨至246.6,为过去12个月的最高点。从行业来看,休闲服务、食品饮料、医药生物、建筑材料、房地产等行业表现最好,投资者情绪最高,而纺织服装、有色金属、综合、建筑装饰、通信这5个行业则表现最差。从板块来看,第一季度创业板的投资者情绪指数最高,上证50其次,中证500的投资者情绪指数最低;与2018年同期相比,创业板、上证50、中小板和中证500的投资者情绪指数均显著高于2018年同期,且显著高于过去5个季度的各个板块。从风格来看,第一季度的消费风格投资者情绪指数最高,金融投资情绪指数其次,稳定风格投资者情绪指数最低;与2018年同期相比,消费、周期、成长、金融和稳定风格的投资者情绪指数均高于2018年同期,也高于过去每个季度的水平。

◇◇ 第二节 2019年1月中国投资者情绪指数

2019年1月投资者情绪:利好下的多方位回暖

- 2019年1月投资者情绪指数由上月的41.4上涨到本月的44.2,为过去12个月最高值。

> - 投资者情绪上涨不仅出现在沪深300上市公司投资者情绪中，中证500、上证50、创业板和中小板四大板块的投资者情绪指数较2018年12月均有显著提升。
> - 消费、金融、稳定、周期和成长5大风格投资者情绪指数较上月显著提升。
> - 本月投资者对休闲服务、食品饮料、交通运输、采掘和公共事业等行业情绪最为乐观。

1. 中国投资者情绪指数一级指数

（1）关注度指数大体持平

2019年1月投资者关注度指数为121.7，同2018年12月的123.3相比存在微幅下降。虽然关注度指数属于过去12个月的最低位，但是关注度下跌现象存在趋缓的趋势（见图2-7）。

（2）情绪指数

2019年1月，中国投资者情绪指数（CISI）为44.2，比2018年12月上升约6.8%，为过去12个月最高水平。该指数表明，投资者情绪转为更加乐观（见图2-8）。

分析显示，这一乐观情绪并非由月度或者季节效应导致。根据国务院发展研究中心《国内外金融市场》周度报告，本月大事包括第一周央行1月4日决定下调金融机构存款准备金率1个百分点、第二周新一轮中美贸易磋商进展积极、第三周因刘鹤副总理拟于1月底访美就经贸问题进行磋商、美联储主要决策者再次强调在决定

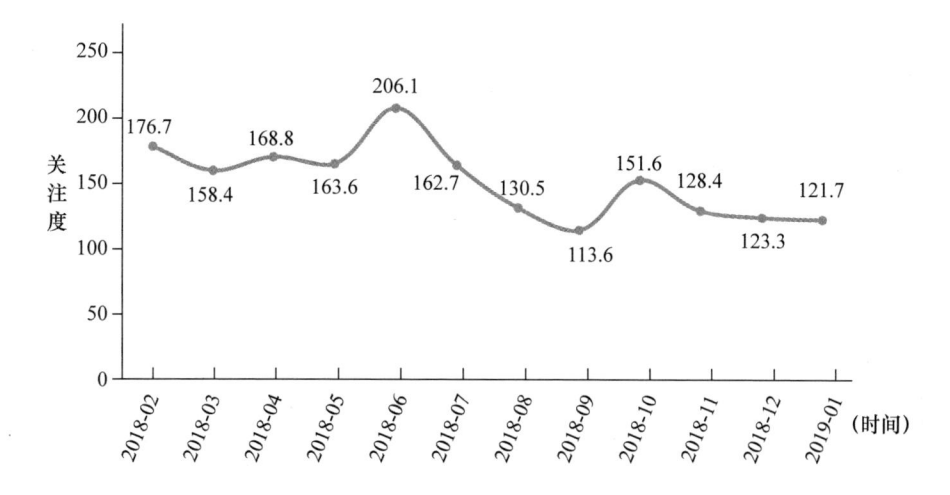

图 2-7　投资者关注度指数：2018-02—2019-01

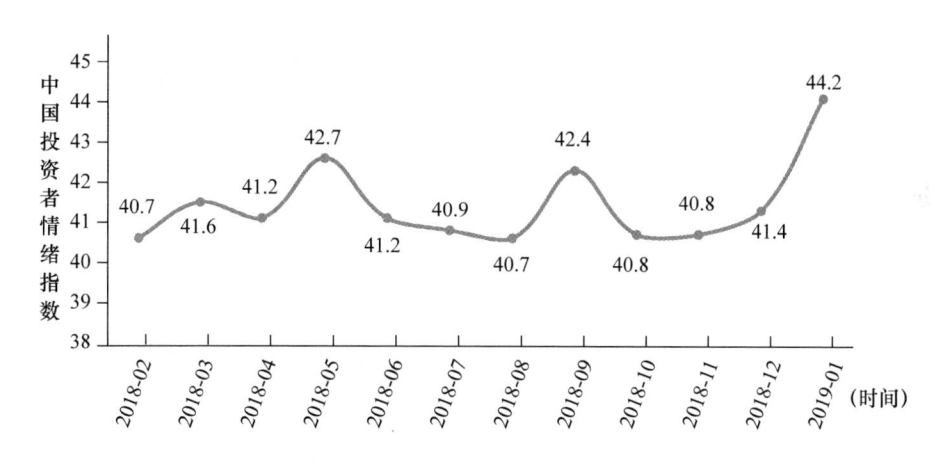

图 2-8　中国投资者情绪月度指数：2018-02—2019-01

未来是否进一步升息时保持耐心等。在上述背景下，本月前三周投资者情绪出现上涨趋势。虽然在本月第四周出现多家上市公司发布业绩亏损、商誉减值预告，但第四周投资者情绪只出现微幅下跌，表明不少投资者将这些消息解读为上市公司短期释放利空、有利长期业绩增长的行为（见图2-9）。

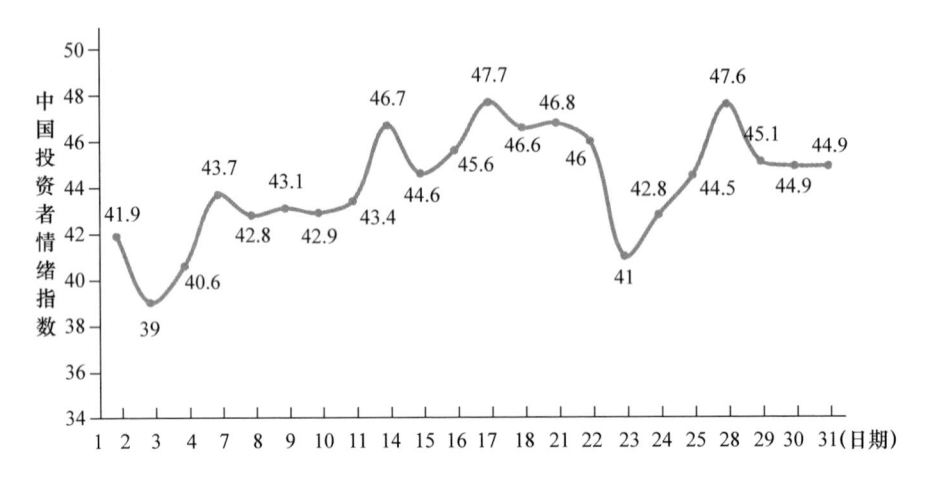

图2-9 2019年1月中国投资者情绪日度指数

2. 中国投资者情绪指数二级指数

（1）投资者板块情绪子指数

指数概览：四大板块投资者情绪指数回暖迹象明显。

2019年1月，中证500、上证50、创业板和中小板四大板块的投资者情绪全面上涨，分别由2018年12月的40.8、41.9、41.6和40.4上涨到42.4、44.5、44.5和42.8，表明降准、中美贸易磋商积极推进、开展定向中期借贷便利（TMLF）等措施，让投资者情绪在本月转为更加乐观（见图2-10）。

从各大板块单日表现看（见图2-11），前两周四大板块投资者情绪指数走势基本一致，后两周板块指数走势分歧变大。央行降

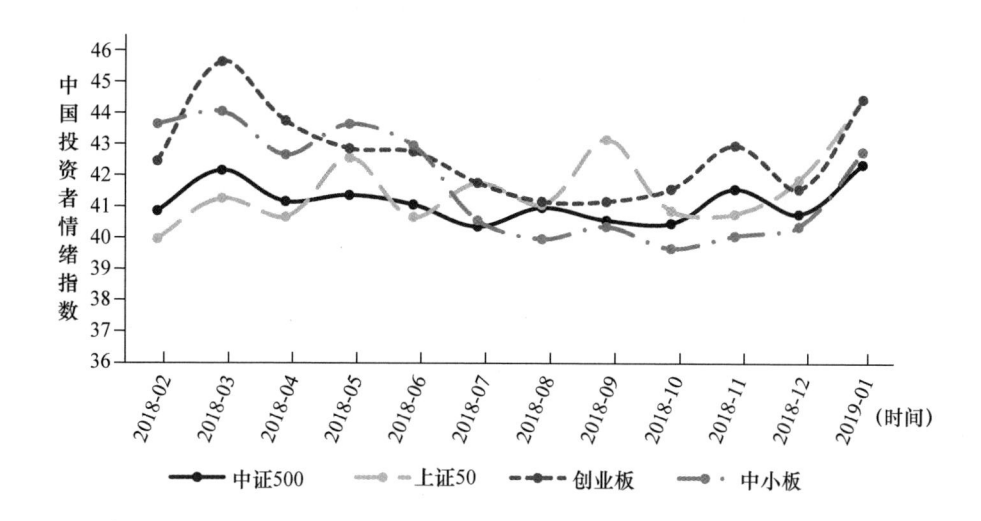

图 2-10　中国投资者情绪板块子指数：2018-02—2019-01

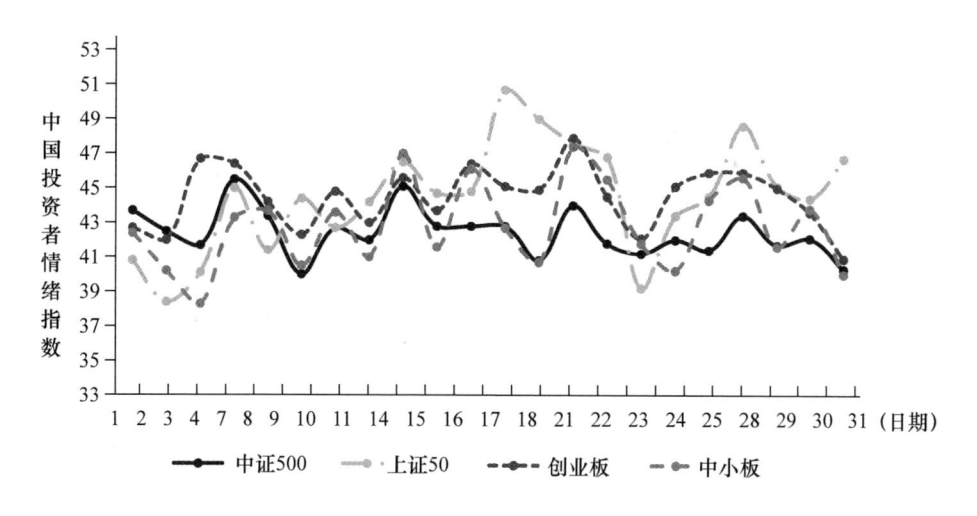

图 2-11　2018 年 12 月中国投资者情绪指数单日表现（分板块）

准、中美贸易磋商积极推进对各板块上市公司均有利好效应，而商誉减值、盈余亏损预告等对不同板块投资者的情绪影响不同，呈现出中证 500、创业板和中小板指数降幅明显的现象。

(2) 行业投资者情绪子指数

指数概览：1月休闲服务、食品饮料、交通运输、采掘、公用事业向好。

从月度行业情绪看，2019年1月投资者情绪最为乐观的五大行业分别是休闲服务（47.4）、食品饮料（47.3）、交通运输（44.6）、采掘（44.5）和公用事业（44.4），而最为悲观的五大行业分别是建筑装饰（40）、有色金属（39.6）、纺织服装（39.5）、综合（39）和通信（37.5）（见图2-12）。与上月相比，情绪排名升幅最大的五大行业分别是家用电器、国防军工、医药生物、钢铁、建筑材料。

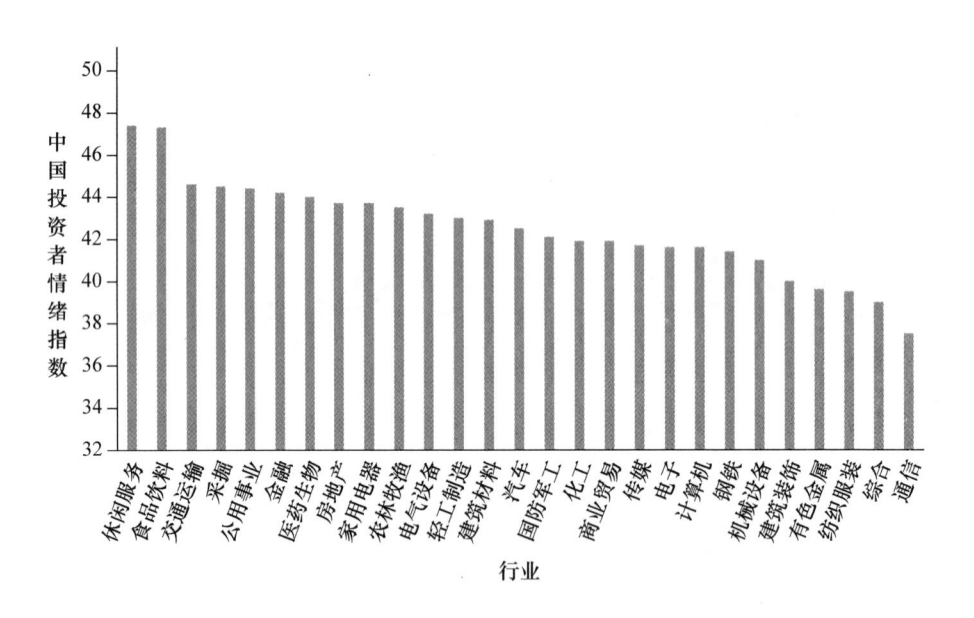

图2-12　2019年1月中国投资者情绪行业子指数平均排名

(3) 不同风格投资者情绪子指数

分风格指数表现：五大风格投资者情绪指数均趋好。

2019年1月，投资者情绪指数按风格排序分别是消费（45.1）、金融（44.1）、稳定（43.4）、周期（42.4）、成长（41.4），比上月分别增长了3.7、2.7、1.2和1.5。本月不同风格的投资者情绪指数不仅较上月存在大幅提升，也已经达到过去12个月的最高点，即投资于不同风格股票的投资者情绪总体均出现回升（见图2-13）。

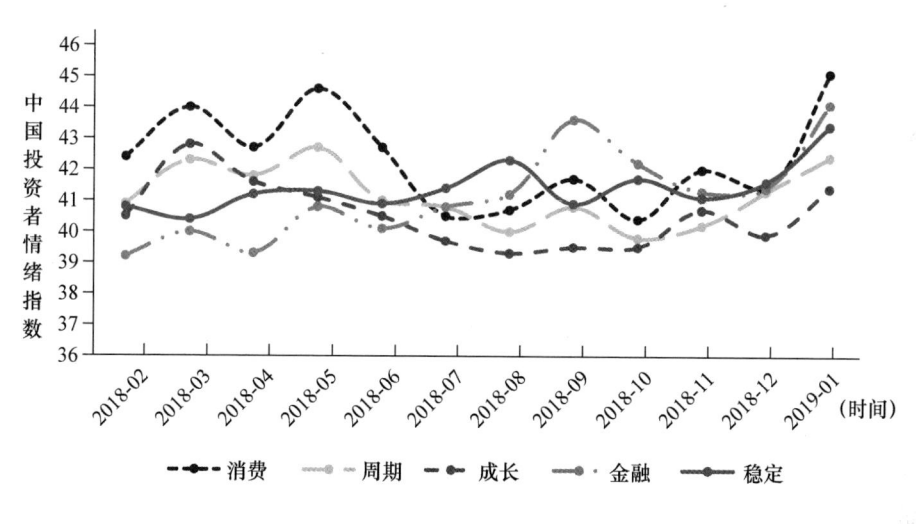

图2-13 中国投资者情绪风格子指数：2018-02—2019-01

3. 总结

虽然月末出现多家公司盈余亏损、商誉减值公告，但总体上看，受多方利好消息影响，2019年1月投资者情绪指数较上月大幅上涨。这一上涨在不同板块、不同风格上市公司的投资者情绪中均有反映。就行业来看，本月投资者对休闲服务、食品饮料和交通运输行业的情绪最为乐观。

◇◇ 第三节 2019年2月中国投资者情绪指数

> **2019年2月：利好接踵而至，情绪再创新高**
>
> ● 2019年2月投资者关注度显著抬升，投资者情绪指数由上月的44.2上涨至本月的45.9，为过去12个月最高。
>
> ● 中证500、上证50、创业板和中小板四大板块的投资者情绪指数较上月均有显著提升，其中创业板和中小板上升幅度最大。
>
> ● 本月休闲服务、电子、食品饮料、金融和建筑材料行业的投资者情绪最为乐观。
>
> ● 成长、金融和消费风格上市企业的投资者情绪指数本月显著提升。

1. 中国投资者情绪指数一级指数

（1）关注度指数提升

2019年2月，投资者关注度指数为144.1，同上月的121.7相比存在较大幅度提升。中国投资者关注度指数停止了从2018年10月起的持续下滑势态，在本月投资者对股市关注明显增加（见图2-14）。

（2）情绪指数

2019年2月，中国投资者情绪指数（CISI）为45.9，比2019年

1月上升约3.8%，为过去12个月最高水平。投资者情绪指数在1月大幅提升后本月继续提升，但升幅似有趋缓迹象（见图2-15）。

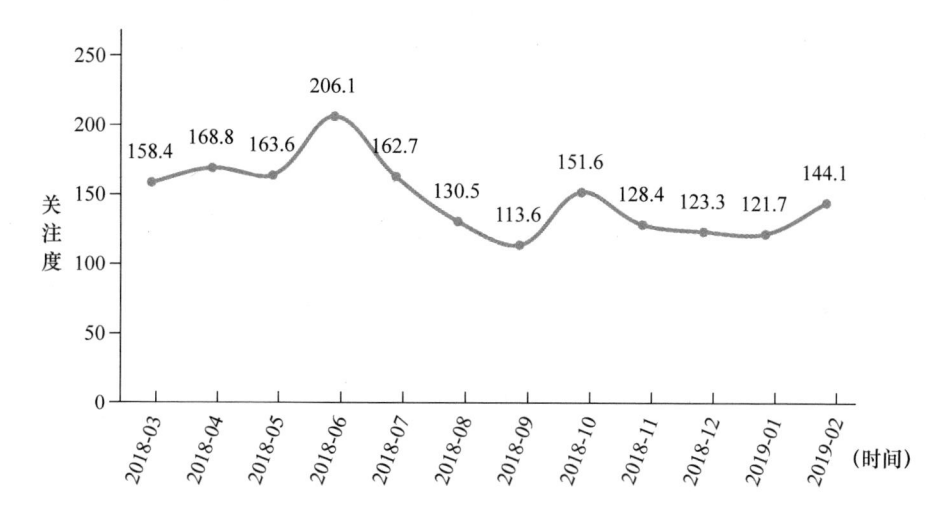

图2-14 投资者关注度指数：2018-03—2019-02

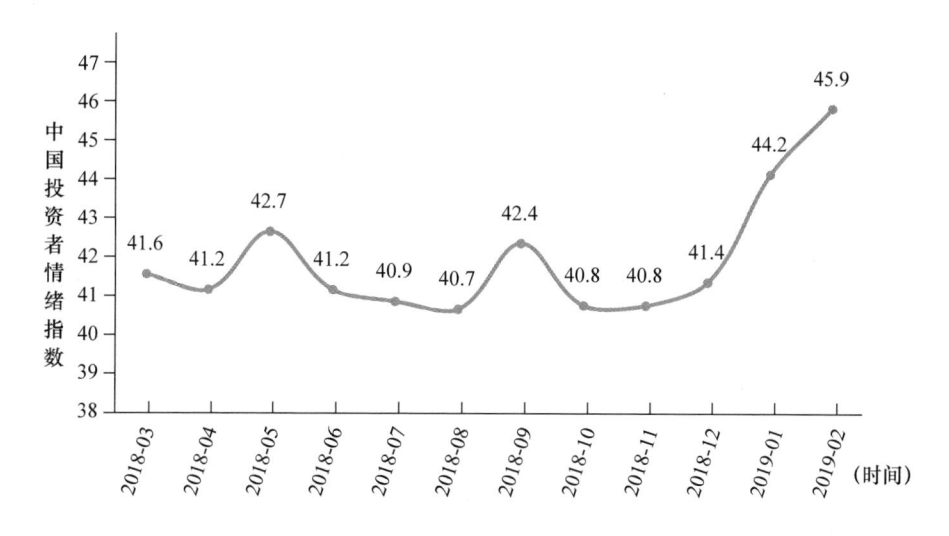

图2-15 中国投资者情绪月度指数：2018-03—2019-02

本月投资者情绪指数续创新高可能由多种因素导致。采用中国投资者相关数据的研究表明，美股市场表现和国内市场表现均对中国投资者情绪有显著影响。本月发生的重大事件包括：中美贸易磋商进展积极；美联储宣布维持联邦基金利率不变并暗示将于年内结束缩表；中办、国办印发《关于加强金融服务民营企业的若干意见》以支持民营经济等。多重利好事件有利于提振投资者信心，这不仅表现为更多投资者对于股市更为关注，也表现为投资者更愿意表达对于市场的乐观情绪。当然，随着市场回暖，多家上市企业发布减持公告，月末投资者情绪似有下滑趋势（即表达乐观的投资者的比例在减少），但由于关注度大幅上升，对市场前景乐观的投资者的绝对人数仍有可能增加（见图2-16）。

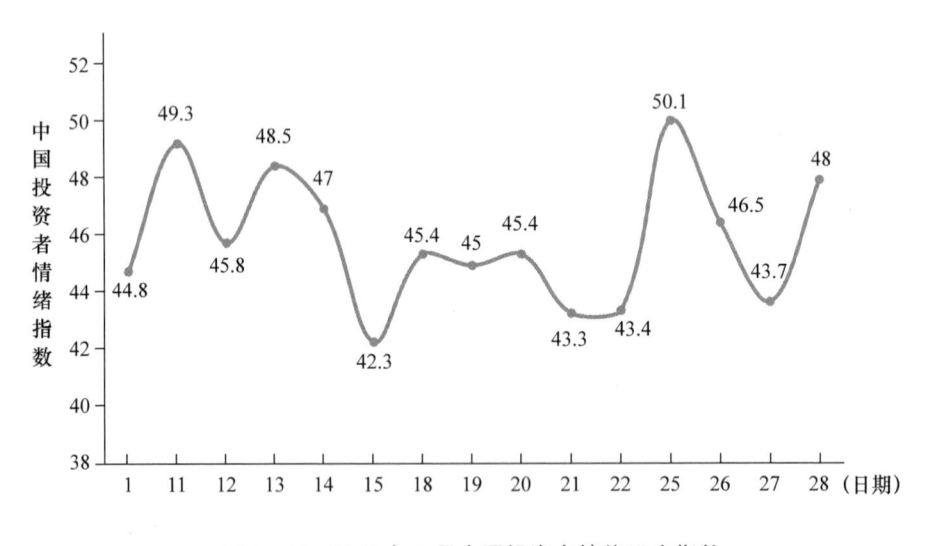

图2-16　2019年2月中国投资者情绪日度指数

2. 中国投资者情绪指数二级指数

（1）投资者板块情绪子指数

指数概览：四大板块投资者情绪指数继续走强。

2019年2月，中证500、上证50、创业板和中小板四大板块的投资者情绪继续全面上涨，呈多头排列，分别由2019年1月的42.4、44.5、44.5和42.8上涨到44.7、45.9、47.8和46.6，其中创业板和中小板本月取得最大涨幅，较上月分别上升了7.4%和8.4%。中办、国办印发《关于加强金融服务民营企业的若干意见》，让投资者对以民营企业为主的创业板和中小板对未来的发展前景明显更为乐观（见图2-17）。

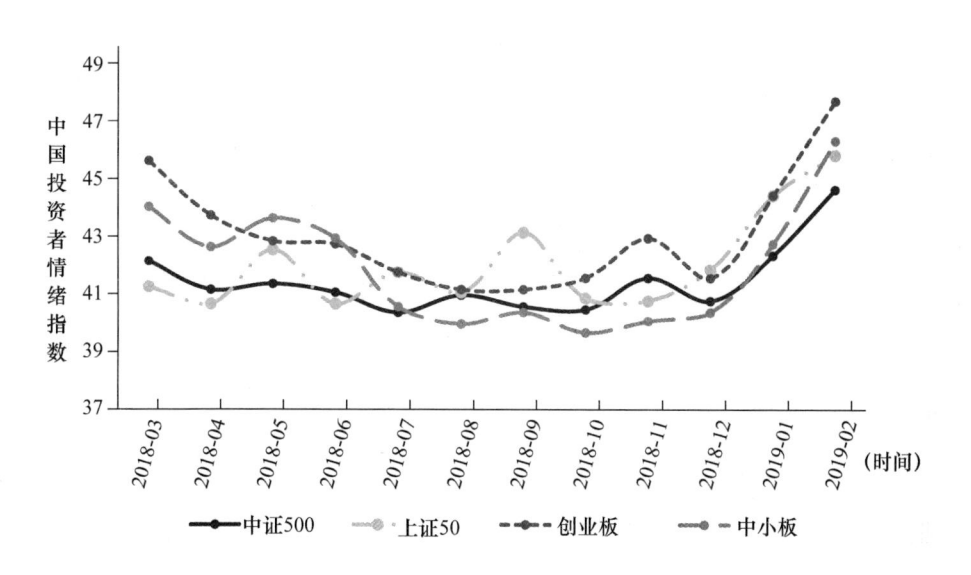

图2-17 中国投资者情绪板块子指数：2018-03—2019-02

各大板块单日情绪指数显示，本月各大板块情绪指数前期较后半期更为乐观。本月上半月利好政策密集出台，各大板块投资者情绪应声更为乐观。随着市场回暖以及随后出现的不少上市公司发布减持公告现象，让投资者情绪呈现出谨慎乐观的趋势（见图 2-18）。

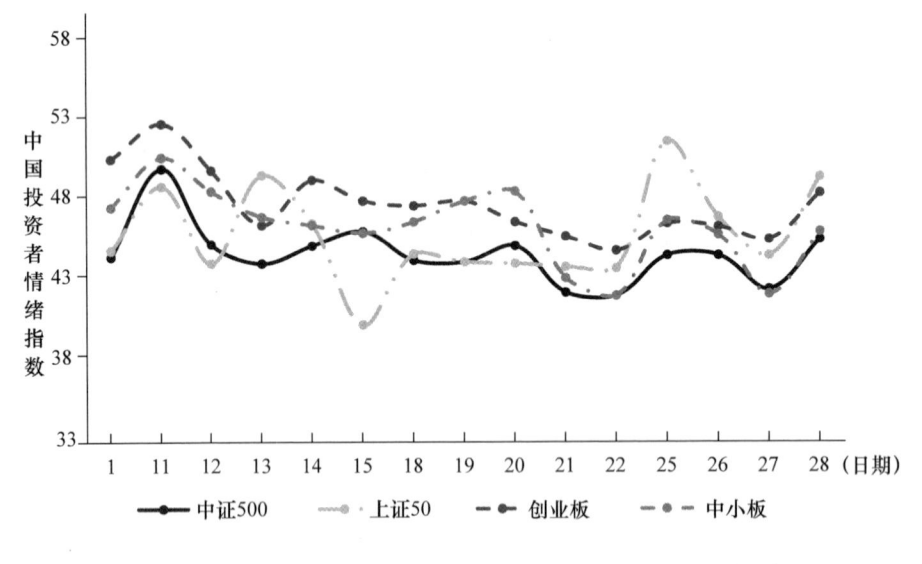

图 2-18　2019 年 2 月中国投资者情绪指数单日表现（分板块）

（2）行业投资者情绪子指数

指数概览：2 月休闲服务、电子、食品饮料、金融、建筑材料向好。

从月度行业情绪看，2019 年 2 月投资者情绪最为乐观的五大行业分别是休闲服务（51.1）、电子（47.2）、食品饮料（46.9）、金融（46.8）和建筑材料（46.6），而最为悲观的五大行业分别是综合（41.6）、机械设备（41.6）、建筑装饰（40.9）、纺织服装

(40.9) 和钢铁 (40.9) (见图 2-19)。与上月相比,情绪排名升幅最大的五大行业分别是电子、计算机、建筑材料、通信和汽车。

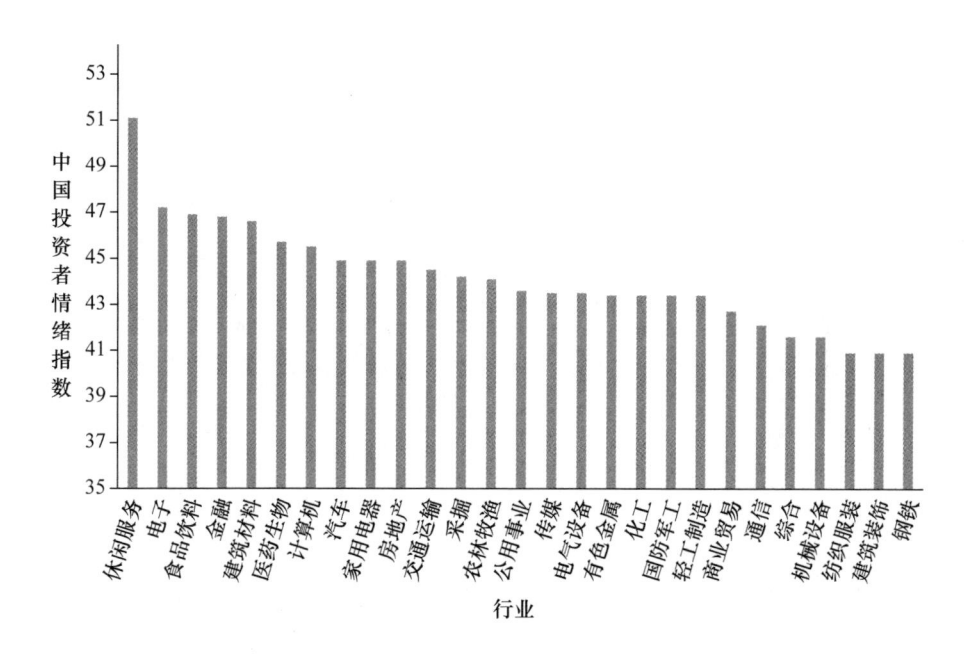

图 2-19　2019 年 2 月中国投资者情绪行业子指数平均排名

(3) 不同风格投资者情绪子指数

分风格指数表现:不同风格投资者情绪指数总体趋好,稳定类较上月微幅回调。

2019 年 2 月,投资者情绪指数按风格排序分别是金融 (46.5)、消费 (45.8)、成长 (44.8)、周期 (43.5) 和稳定 (42.7)。其中,成长风格上市公司情绪上升最快,增幅为 3.4,金融风格随后,增加 2.4;消费类风格投资者情绪微幅上涨 0.7。另外,周期风格情绪指数在总体更乐观的趋势下也上升 1.1 点,相比之下稳定类投资者情绪指数较上月小幅下降0.7点,但较过去12月仍处于相对高位。整体而言,2019年2月,投资者总体上对不同风格上市公司都更为热情,但稳定类风格上市公司的情绪存在微幅回调(见图2-20)。

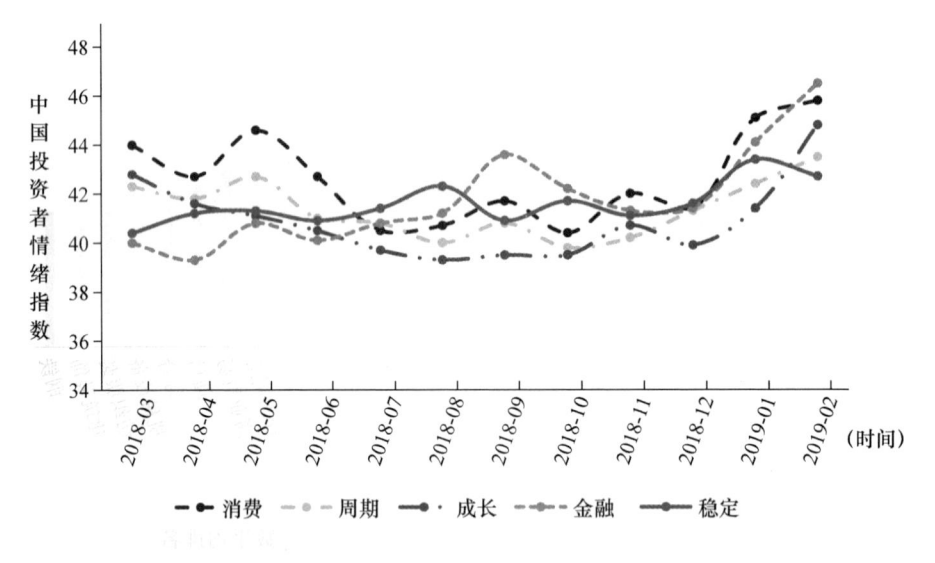

图2-20 中国投资者情绪风格子指数：2018-03—2019-02

3. 总结

在中美贸易磋商进展积极、国内持续发布利好政策的背景下,2019年2月的中国投资者情绪指数创过去12个月新高。本月创业板和中小板上市公司投资者情绪指数涨幅高于其他板块。就行业而言,休闲服务、电子、食品饮料、金融和建筑材料的投资者情绪指数表现最好。从风格来看,成长类上市企业的投资者情绪也最为乐观。总体而言,各项利好政策初见成效,农历新年以来，中国投资者表现出对中小企业和成长类企业未来的发展前景更多的热忱。

◇◇ 第四节　2019年3月中国投资者情绪指数

> **2019年3月：股市关注度激增，情绪高位回调**
>
> ● 2019年3月投资者关注度指数大幅上升至246.6，为过去12个月最高水平，与此同时投资者情绪指数下降至42.5。
>
> ● 投资者的隔夜投资回报率与隔夜情绪在本月存在正相关。
>
> ● 中证500、上证50、创业板和中小板四大板块的投资者情绪指数较上月均有明显回调，其中中小板和创业板降幅最大。
>
> ● 本月休闲服务、食品饮料、医药生物、房地产和建筑材料行业的投资者情绪最为乐观。
>
> ● 金融、成长等风格上市企业的投资者情绪指数本月回调明显。

1. 中国投资者情绪指数一级指数

（1）关注度指数提升

2019年3月投资者关注度指数为246.6，较上月的144.1相比大幅度提升，上升幅度约为71%，并一举突破过去12个月以来的最高点。本月，随着前期股市的大幅上涨，投资者对股市的关注度显著增加（见图2-21）。

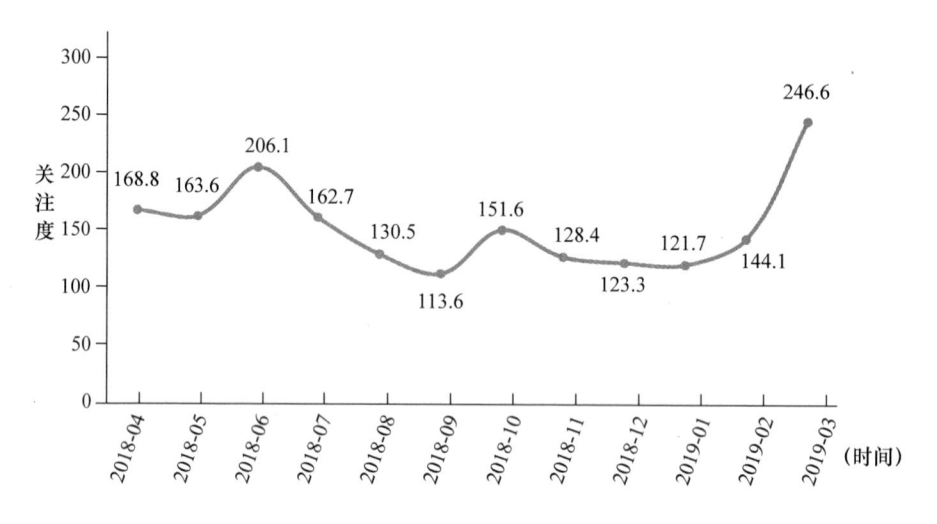

图2-21 投资者关注度指数：2018-04—2019-03

（2）情绪指数

2019年3月，中国投资者情绪指数（CISI）为42.1，比2019年2月下降约8.3%。3月的投资者情绪指数并未延续自去年12月以来的上升趋势，这与关注度指数的上升形成背离。一方面，这一现象体现了2月股市的上涨带来投资者更多的关注；另一方面，也反映出股市的大幅上涨后不少投资者对后期上涨的持续性持更为谨慎的看法（见图2-22）。

本月投资者情绪波动较大，平均值最后呈现较大幅度下降可能与本月发生的诸多事件有关，如本月初证监会正式发布《科创板首次公开发行股票注册管理办法（试行）》《科创板上市公司持续监管办法（试行）》；中美经贸磋商取得的实质进展；英国议会投票否定

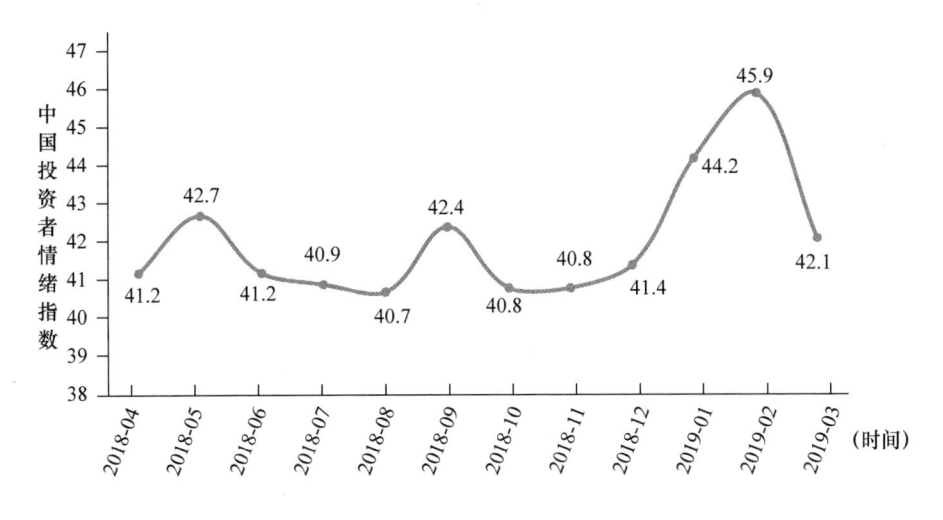

图 2-22 中国投资者情绪月度指数：2018-04—2019-03

无协议脱欧增加延迟脱欧可能性；美联储暗示年内或不再加息等。近来股市出现的较大幅度的上涨让越来越多的投资者开始关注股市。但不可忽略的是，本月大量上市公司发布减持公告（不乏清仓式减持），重点板块（酿酒、保险等）外资持续流出等不利因素影响，以及股市前期涨幅已经较高，获利盘较多的客观事实下，尽管本月关注度指数大幅上涨，但投资者情绪指数并未跟随上升，反而出现较大幅度的下降。

具体到本月每个交易日的投资者情绪指数而言，本月投资者情绪指数呈现"W"震荡走势。可以看到，本月月初、月中和月末均出现小高峰（见图 2-23）。

为了对比不同市值的股票对整个市场情绪指数的影响，我们将沪深300指数的成分股按照市值大小分为10等份，分别计算最大市值组股票和最小市值组股票的情绪指数，图 2-24 给出了最大市值

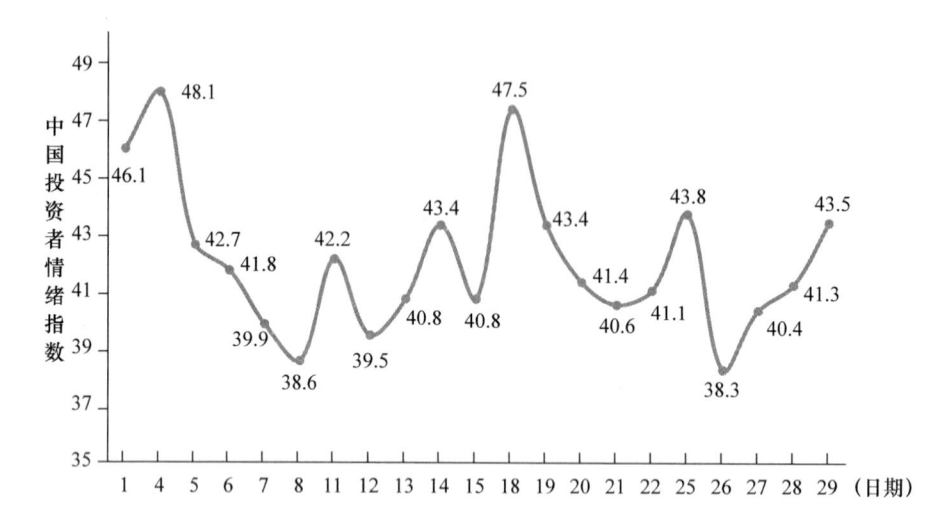

图 2-23　2019 年 3 月中国投资者情绪日度指数

组股票和最小市值组股票的情绪指数走势。可以看到，最大市值组股票走势跟整体投资者情绪指数走势基本一致，呈现"W"震荡走势，而最小市值组股票情绪指数走势则相对平缓。

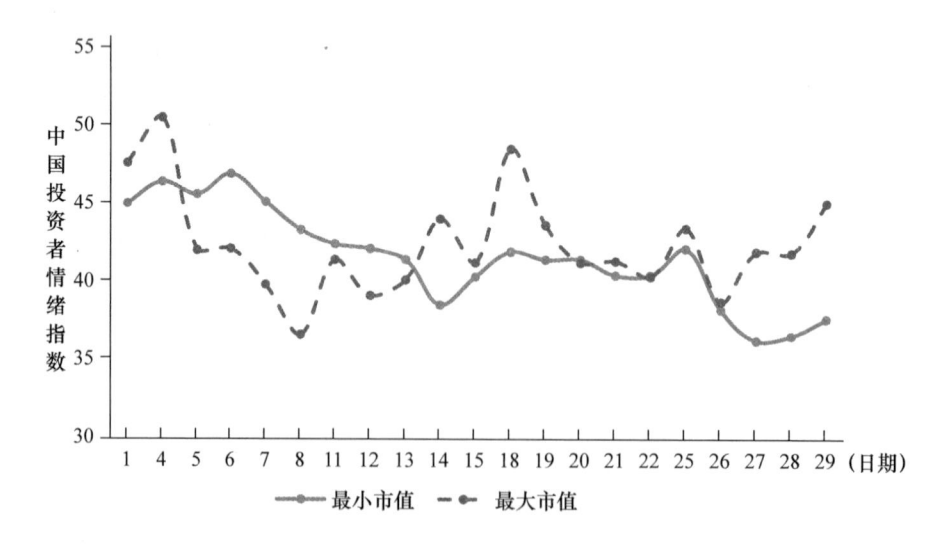

图 2-24　2019 年 3 月不同市值中国投资者情绪日度指数

在计算日度投资者情绪指数之外，CISI 指数系列还计算了隔夜情绪指数，即利用每个交易日下午 3 点收盘到下一个交易日 9 时 15 分集合竞价前这段时间的文本数据计算的投资者情绪指数。沪深 300 隔夜投资者情绪指数和隔夜投资收益率（即根据下一个交易日开盘价和上一个交易日收盘价计算的收益率）两者呈大致相当的走势。也就是说，当隔夜投资情绪高涨时次日投资者往往获得较高的隔夜收益率，隔夜情绪指数较低时次日投资者也伴随着较低的隔夜收益（见图 2 - 25）。（注：图中隔夜情绪指数和投资收益均做了标准化处理。）

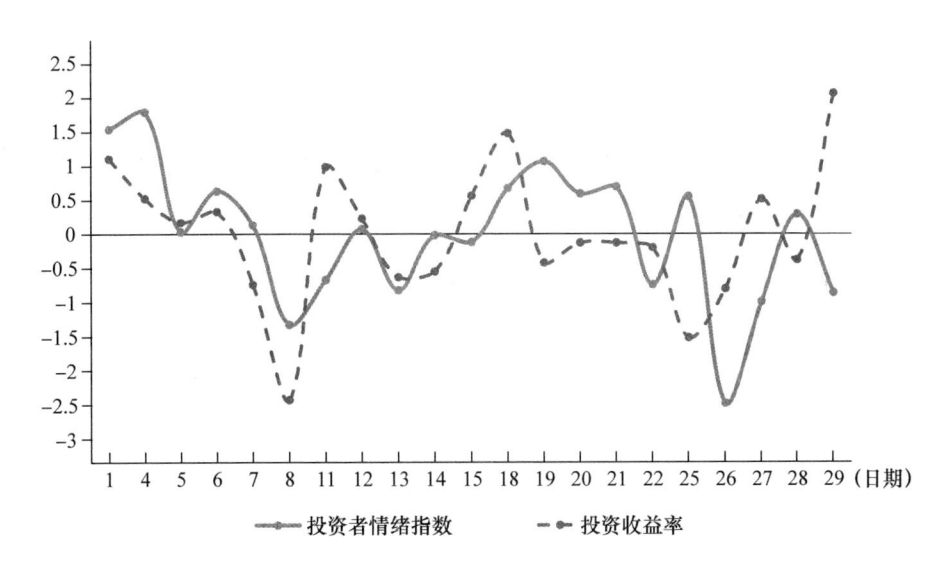

图 2 - 25　隔夜投资者情绪指数与投资收益

2. 中国投资者情绪指数二级指数

（1）投资者板块情绪子指数

指数概览：四大板块投资者情绪指数大幅回调。

2019年3月,中证500、上证50、创业板和中小板四大板块的投资者情绪都出现了情绪回调,分别由2019年2月的44.7、45.9、47.8和46.4下降到42.6、42.1、43.8和42.2,其中,中小板和创业板较上月降幅最大,分别下降了9.1%和8.4%。当然,上月中小板和创业板股票投资者情绪指数上涨居前,本月回调幅度相应也较大(见图2-26)。

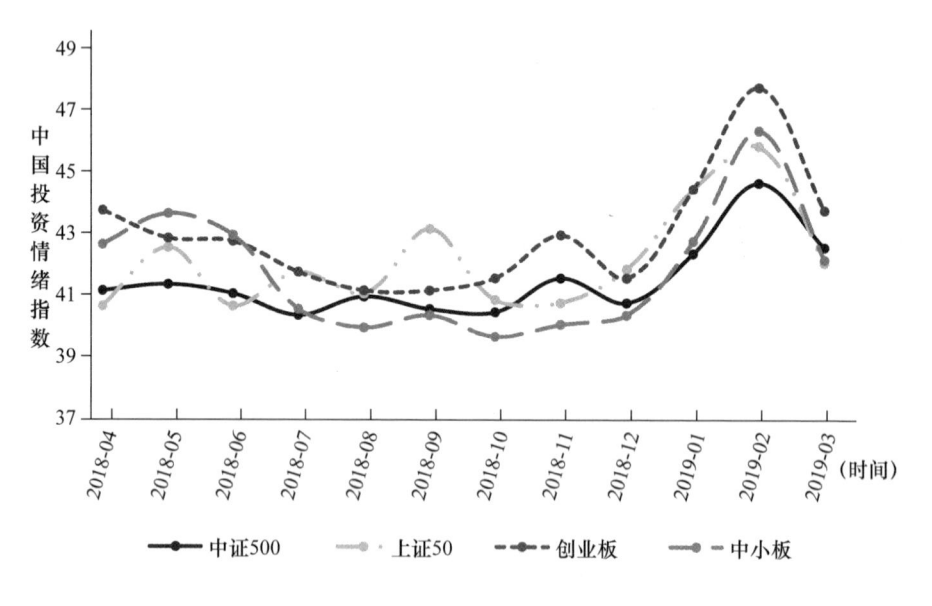

图2-26 中国投资者情绪板块子指数:2018-04—2019-03

各大板块单日情绪指数显示,本月各大板块情绪指数前期较后半期更为乐观,震荡下行。本月投资者情绪指数整体上呈下降趋势走势,上半月投资者情绪指数高于下半月。值得注意的是,本月上证50的投资者情绪指数波动较高(见图2-27)。

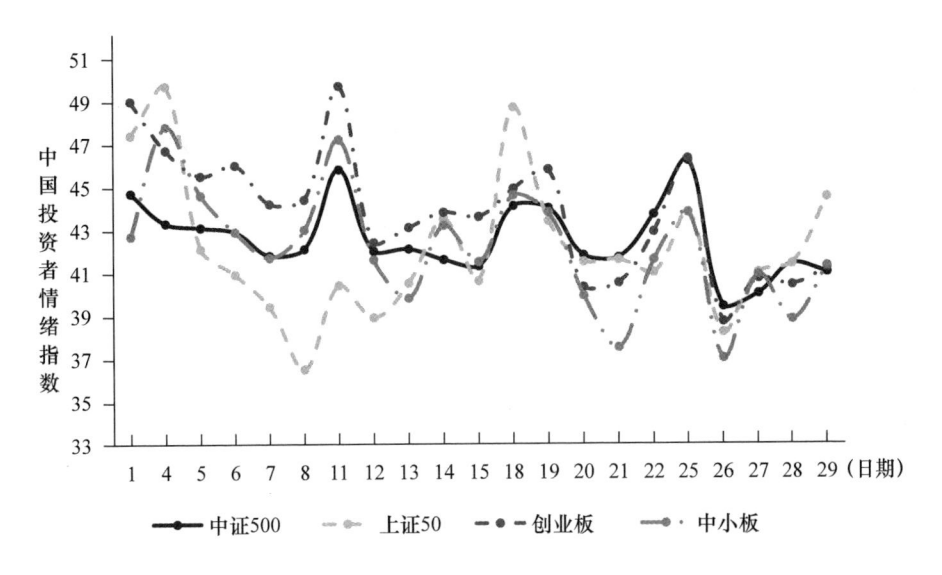

图 2-27　2019 年 3 月中国投资者情绪指数单日表现（分板块）

（2）行业投资者情绪子指数

指数概览：3 月休闲服务、食品饮料、医药生物、房地产、建筑材料向好。

从月度行业情绪看，2019 年 3 月投资者情绪最为乐观的五大行业分别是休闲服务（48.4）、食品饮料（47.3）、医药生物（44.8）、房地产（44.2）和建筑材料（44.1）；最为悲观的五大行业分别是传媒（40.4）、电气设备（40）、有色金属（39.9）、通信（39.6）和建筑装饰（39.5）（见图 2-28）。与上月相比，情绪排名升幅最大的五大行业分别是纺织服装、轻工制造、机械设备、钢铁、房地产。

（3）不同风格投资者情绪子指数

分风格指数表现：消费类微幅回调，其他不同风格投资者情绪

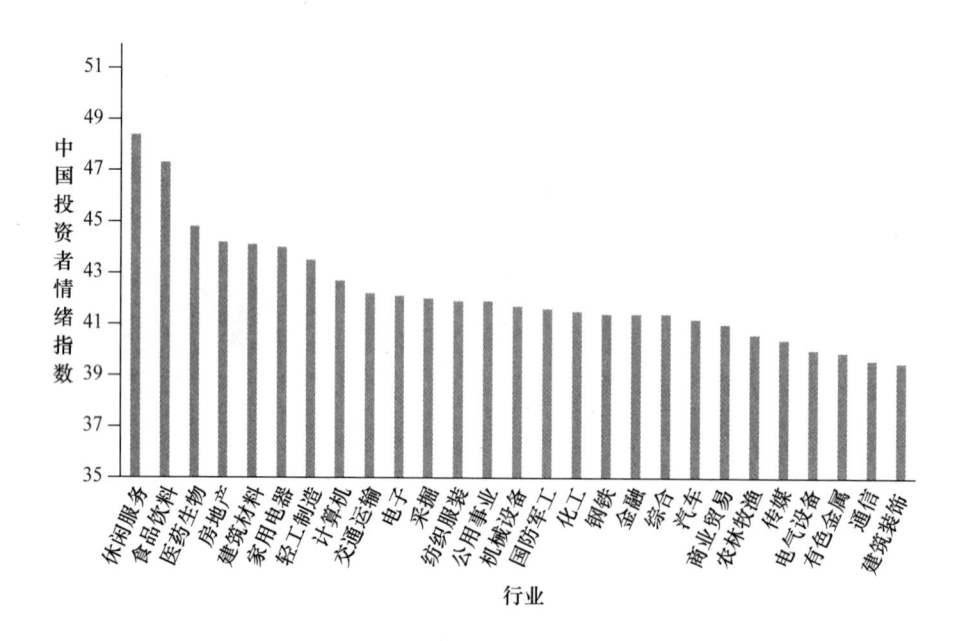

图 2-28　2019 年 3 月中国投资者情绪行业子指数平均排名

指数回调明显。

2019 年 3 月，投资者情绪指数按风格排序分别是消费（44.8）、金融（41.8）、成长（41.7）、周期（41.5）和稳定（41.1）。不同风格投资情绪指数较上月均有回调，其中消费类较上月回调最少，同比降低了 2.4%，仍处于相对高位。相比之下其他风格情绪指数较上月均有明显回调，其中作为市场行情风向标之一的金融风格的情绪回调幅度高达 10.5%，并回调至过去 12 个月较低位置（见图 2-29）。

3. 总结

自 2019 年 1 月启动的一轮行情吸引了越来越多的投资者关注股

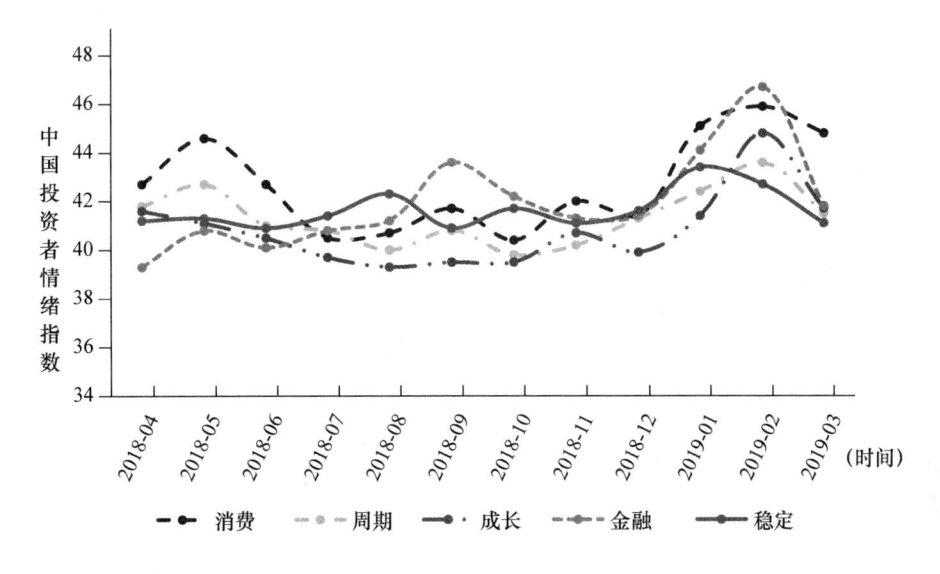

图 2-29　中国投资者情绪风格子指数：2018-04—2019-03

市，投资者关注度指数在 2019 年 3 月大幅上涨，创过去 12 个月新高。但与此同时，投资者情绪指数在本月出现回调，与关注度指数的趋势形成背离。从板块角度来看，投资者情绪指数的调整幅度对中小板和创业板最大。从行业角度来看，休闲服务、食品饮料、医药生物、房地产和建筑材料等行业投资者情绪指数表现最好。从风格来看，不同风格的投资者情绪指数均有回调，其中消费类回调幅度较小，金融类回调幅度较大。总体来看，股市经过前期大幅上涨后出现高位震荡，而投资者情绪指数整体回调较为明显，表明投资者对于股市未来的上涨趋势总体上持更为谨慎的态度。

第 三 章

2019年第二季度中国投资者情绪指数

◇◇ 第一节　2019年第二季度投资者情绪简述

1. 2019年第二季度投资者情绪简介

本节我们总结 2019 年第二季度（4—6 月）情绪指数基本特征，并在后面各小节分别介绍每月详细投资者情绪发展和变化情况。总体来看，中美贸易磋商进展积极、国内政策利好等因素下，投资者情绪指数处于较高的位置。具体表现为，第一，在过去 4 年中处于较高位置，在过去 12 年中处于中等位置；第二，跟过去 5 个季度相比，无论是情绪指数水平和关注度，还是分行业、分风格的投资者情绪指数均为最高。我们从六个角度来刻画第二季度投资者情绪的基本情况。

第一，受中央政治局会议召开、美国总统特朗普加征关税等影响，在 2019 年第二季度中国投资者情绪指数整体走低。在 2018 年"去杠杆"的大背景下，投资者情绪表现较低迷，2019 年第二季度虽然有中美贸易摩擦导致投资者情绪指数下跌,但仍然处于中等水平。

第二,在过去一年中,关注度指数在2019年第二季度加速下跌,从高位回落,并在2019年6月降低至191.3,为过去12个月的中部水平(见图3-1)。

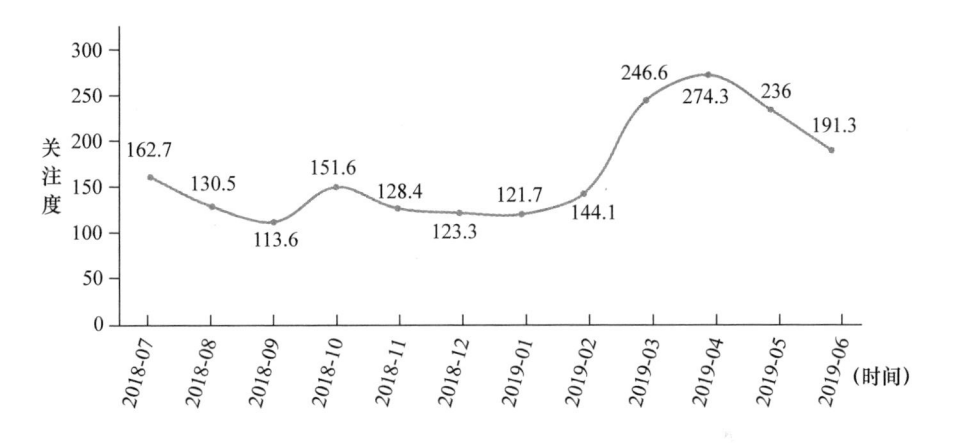

图3-1 投资者关注度:2018-07—2019-06

在2019年第二季度,中国投资者情绪指数表现也较低迷,指数在第二季度的三个月呈现窄幅震荡走势,过去12个月中处于较低水平(见图3-2)。究其原因,主要是中美贸易摩擦突然增加,导致全球不确定性因素增加,投资者降低了对未来投资的信心,投资者情绪指数也出现下滑。

第三,在中美贸易摩擦突然增加等不确定因素的影响下,股市在第二季度出现反复震荡走势,中国投资者情绪指数也呈现相应的走势,但在不同的行业存在明显的差异。其中休闲服务、食品饮料、金融、建筑材料、医药生物等行业表现最好,投资者情绪最高，而纺织服装、有色金属、综合、建筑装饰、通信这 5 个行业则表现最差，投资者情绪表现低迷（见图 3-3）。

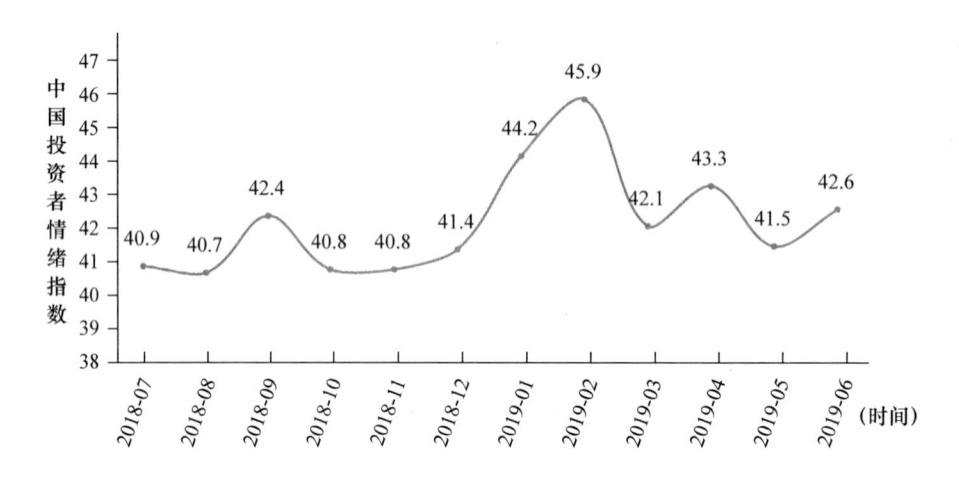

图 3-2　投资者情绪：2018-07—2019-06

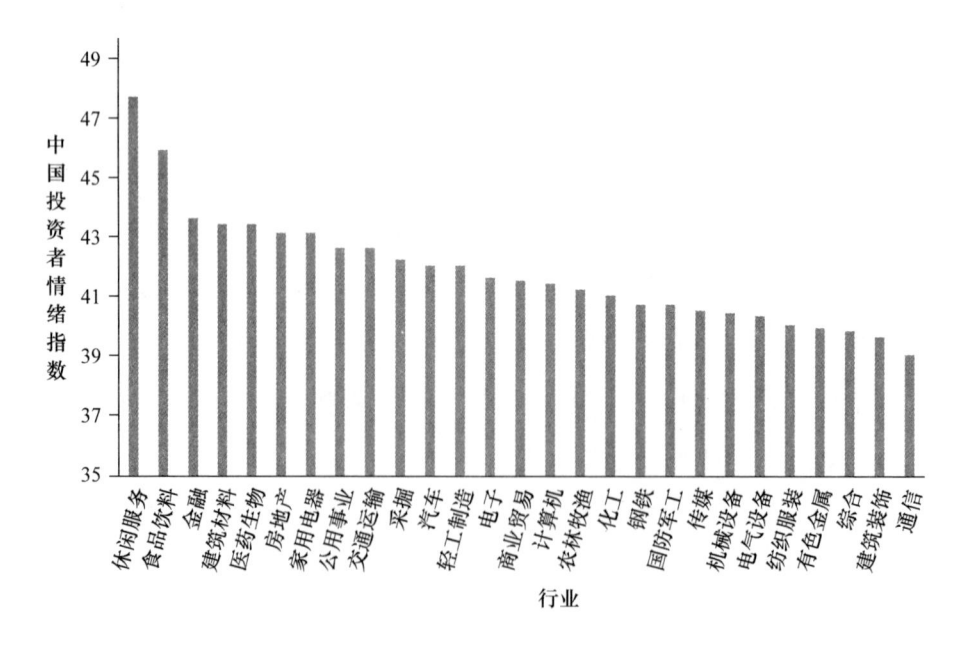

图 3-3　2019 年第二季度分行业平均情绪

第四，除了投资者情绪的水平值之外，我们进一步考察情绪的波动情况。图3-4将2020年第二季度的投资者情绪按照平均情绪水平和方差分为四个象限。其中，左上象限是情绪水平高、波动低，表明投资者持续乐观；右上象限是情绪水平高、波动高，反映一个月内对该行业不同投资者虽然总体看好但不一致程度也较高；左下象限为情绪低、波动低，说明投资者当月对该行业较悲观；而右下象限则是情绪低、波动高，说明在悲观的基调下也有乐观的要素。总体来看，本季度投资者对休闲服务、金融等行业持续乐观，对通信、有色金属、电器设备等行业情绪水平相对低；食品饮料、房地产情绪总体水平高，但是波动大；而纺织服装、建筑装饰等行业投资者情绪偏悲观且情绪波动也比较大。

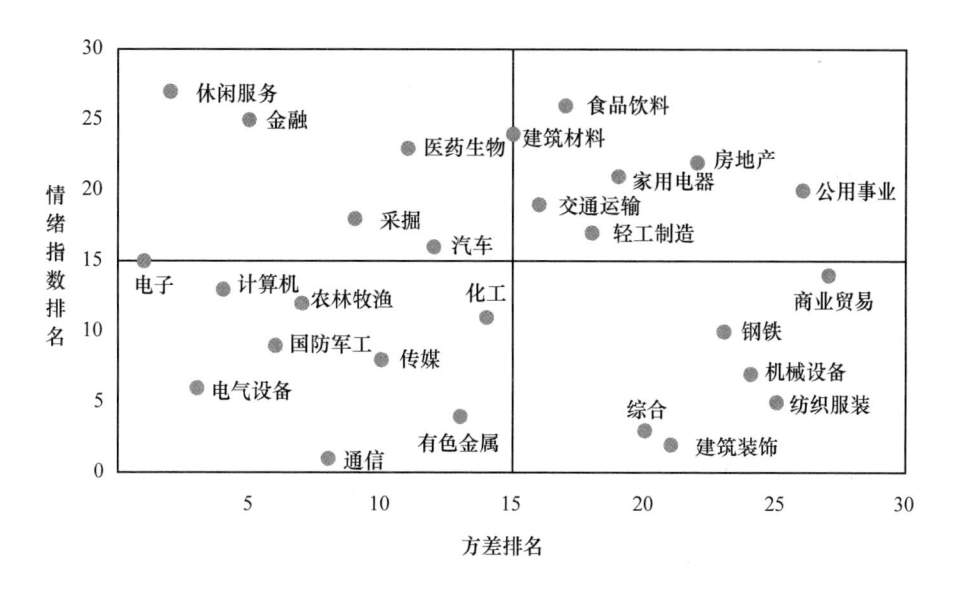

图3-4 2019年第二季度分行业情绪水平与波动程度

第五，从分板块的投资者情绪来看，图 3-5 显示，2019 年第二季度上证 50 的投资者情绪指数最高，创业板其次，中证 500 的投资者情绪指数最低；与 2018 年同期相比，创业板、中小板和中证 500 的投资者情绪指数均低于 2018 年同期，且显著低于上个季度的各个板块。

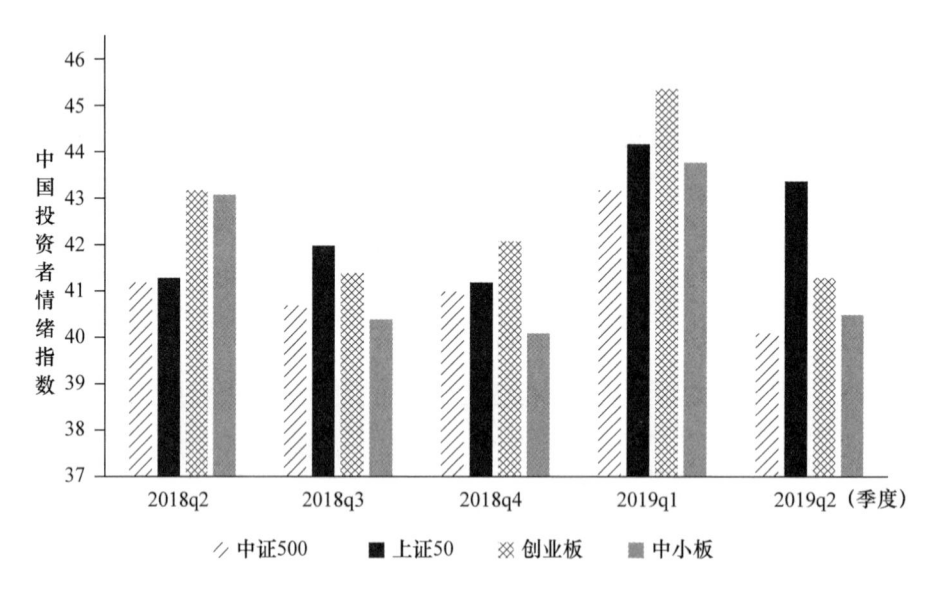

图 3-5　分板块的投资者情绪：2018 年第二季度至 2019 年第二季度

第六，从不同的风格投资者情绪来看，图 3-6 显示，2019 年第二季度的金融风格投资者情绪指数最高，消费投资情绪指数其次，成长风格投资者情绪指数最低；与 2018 年同期相比，消费、周期、成长、金融和稳定风格的投资者情绪指数与同期大致相当，但显著低于 2019 年第一季度。

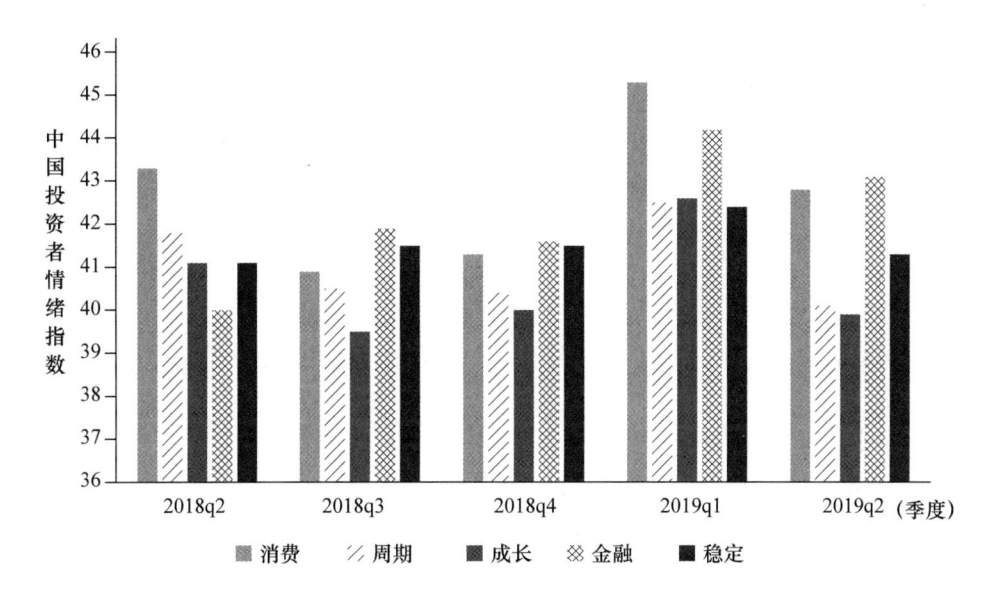

图 3-6 分风格的投资者情绪：2018 年第二季度至 2019 年第二季度

2. 总结

2019年第二季度外部环境发生了很大的变化，美国总统特朗普表示对中国商品加征关税，同时美国商务部正式把华为技术有限公司以及其68家关联企业列入出口管制"实体清单"，贸易战进一步升级，中美关系陷入困境；日本大阪召开的G20大阪峰会也在本季度末召开。国内方面则相对比较积极，中央政治局召开会议，强调加快推进金融供给侧结构性改革，央行对聚焦当地、服务县域的中小银行，实行较低的优惠存款准备金率，科创板正式开板等。整体而言，在外部大环境欠佳的情况下，金融市场进行了局部调整，投资者信心受挫，投资者情绪本季度呈现低位震荡走势。与之相对应的关注度指数在2019年第二季度加速下跌,从高位回落,并在2019年6月降低至191.3,为过去12个月的中部水平。从行业来看,第二季度休闲服务、食品饮料、金融、建筑材料、医药生物等行业表现最好,投资者情绪最高,而纺织服装、有色金属、综合、建筑装饰、通信这5个行业则表现最差,投资者情绪表现低迷。从板块来看,第二季度上证50的投资者情绪指数最高,创业板其次,中证500的投资者情绪指数最低;与2018年同期相比,创业板、上证50、中小板和中证500的投资者情绪指数均低于2018年同期,且显著低于上个季度的各个板块。从风格来看,第二季度的金融风格投资者情绪指数最高,消费投资情绪指数其次,成长风格投资者情绪指数最低;与2018年同期相比,消费、周期、成长、金融和稳定风格的投资者情绪指数与同期大致相当,但显著低于2019年第一季度。

◇◇ 第二节 2019年4月中国投资者情绪指数

> **2019年4月:投资者关注度小幅攀升,情绪分化大**
>
> • 2019年4月投资者关注度上升至274.3,继续创新高。
>
> • 投资者情绪指数小幅升至43.3,但全月呈震荡下行走势。
>
> • 投资者情绪指数在上证50板块上升,在中证500、创业板、中小板继续回调。

> • 本月食品饮料、休闲服务、金融、建筑材料、家用电器行业的投资者情绪最为乐观。
> • 金融类投资者情绪回升明显,稳定类小幅回升,其他风格不同程度回调。

1. 中国投资者情绪指数一级指数

(1) 关注度指数

2019年4月投资者关注度指数继续创新高达274.3,但升幅放缓。本月发布的宏观经济数据表现超预期,并且本月也是2018年年报和2019年第一季度报的密集发布期,这些因素对带动市场关注度有贡献(见图3-7)。

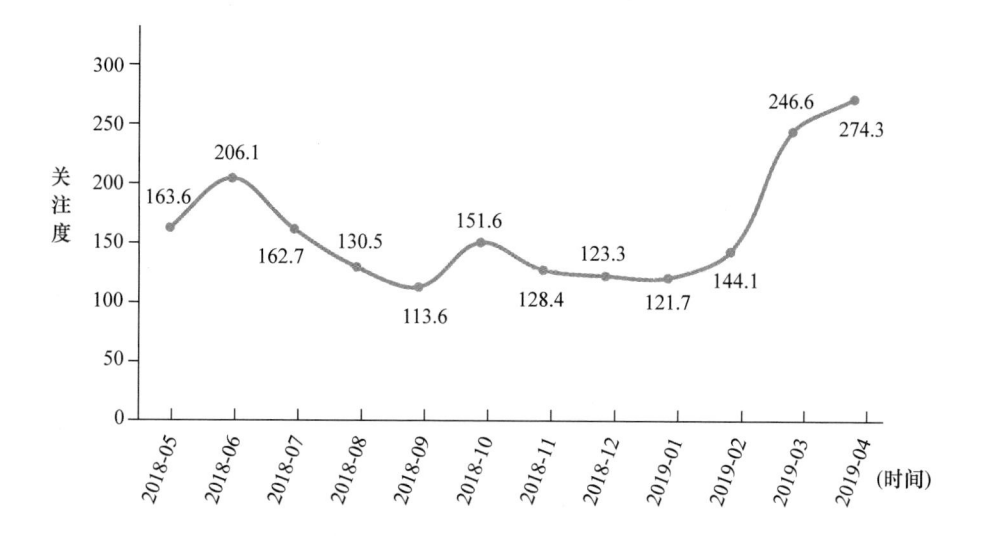

图3-7 投资者关注度指数:2018-05—2019-04

(2) 情绪指数

2019年4月,中国投资者情绪指数(CISI)扭转上月下跌趋势,由42.1微升至43.3。本月发生的重大事件包括:4月初第九轮中美经贸磋商取得新进展;美国非农就业数据好于预期推动;4月19日中央政治局召开会议,强调加快推进金融供给侧结构性改革;4月底各大上市公司密集披露2018年年报和2019年第一季度季报数据等。利好消息带动国内股市较大幅度的上涨,投资者情绪在月初也较为乐观;但其后投资者对国内中美贸易谈判的不确定性的担忧、对年报季报披露信息的不同解读等因素也导致情绪下跌。上升与下跌因素并存的情况下,本月情绪指数最终有微幅上升(见图3-8)。

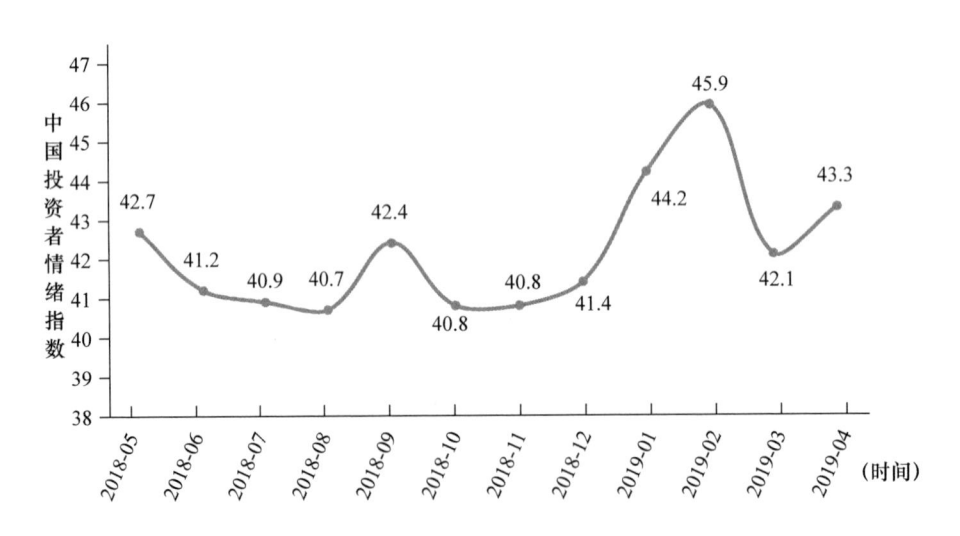

图3-8 中国投资者情绪月度指数:2018-05—2019-04

具体就日度投资者情绪指数看,本月初投资者情绪较高(4月8日录得48.4)。但此后投资者情绪呈现震荡下行走势,在月末情绪出现了明显下滑（见图 3-9）。

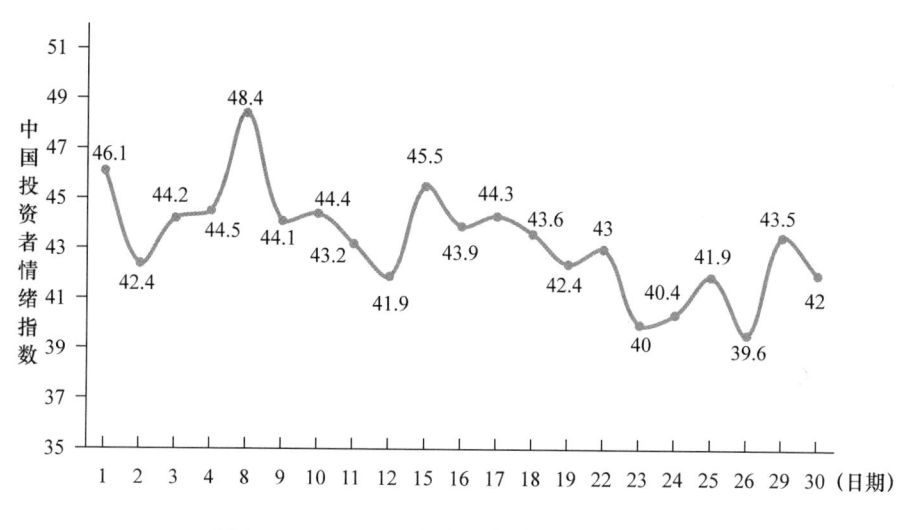

图 3-9 2019 年 4 月中国投资者情绪日度指数

为了对比市值大小与情绪指数之间的关系，我们将沪深 300 指数的成分股按照市值大小分为 10 等份，分别计算最大市值组股票和最小市值组股票的情绪指数，并给出最大市值组股票和最小市值组股票的情绪指数走势（见图 3-10）。可以看到，两者走势基本一致，都在月初较高而此后呈震荡下行走势。另外，最大市值股票组投资者情绪指数普遍高于最小市值组股票，反映了本月投资者更加青睐市值较大的蓝筹股。

2. 中国投资者情绪指数二级指数

（1）投资者板块情绪子指数

指数概览：中证 500、创业板、中小板投资者情绪指数继续回

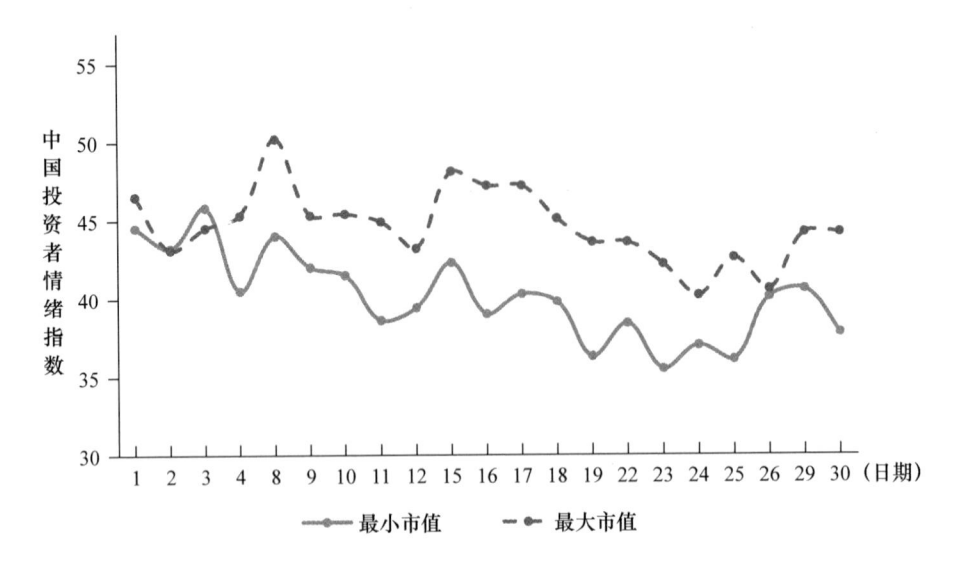

图 3-10　2019 年 4 月不同市值中国投资者情绪日度指数

调，上证 50 强势反弹。

2019 年 4 月，本月投资者对不同板块的股票情绪分化较为明显。上证 50 投资者情绪指数比上月上升了 5.9%；而中证 500、创业板和中小板板块的投资者情绪延续上月的下跌趋势，分别由 3 月的 42.6、43.8 和 42.2 下降到 40.5、41.5 和 39.6，其中，中小板（下降了 6.2%）和创业板（下降 5.3%）降幅最大。数据显示，本月投资者对以上证 50 为代表的蓝筹股更为乐观，而对中小股票情绪更为悲观，而乐观情绪最终占多数，推动了本月投资者情绪指数小幅上升（见图 3-11）。

各大板块单日情绪指数显示，本月各大板块情绪指数都表现出前期乐观、后期震荡下行的态势，但上证 50 情绪指数普遍高于其他板块。本月投资者情绪指数表现出上半月高于下半月、全月呈下降趋势的现象。其中，上证50板块的投资者情绪指数大幅高出其他板块的投资者情绪（见图3-12）。

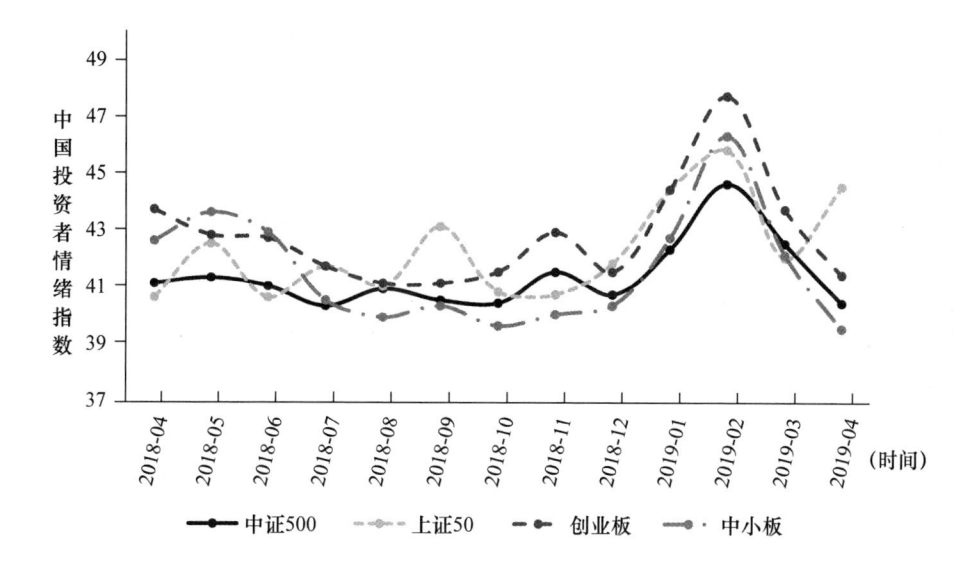

图3-11 中国投资者情绪板块子指数：2018-04—2019-04

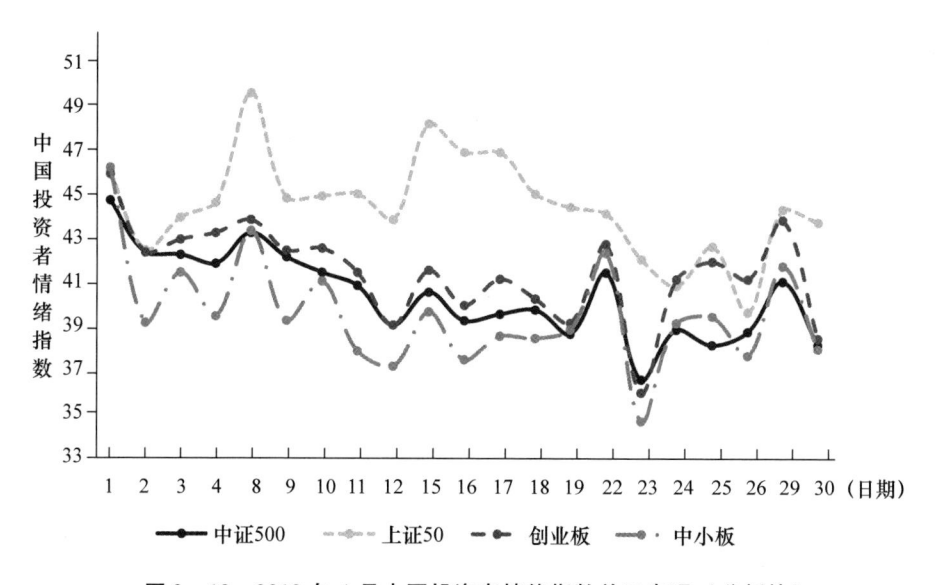

图3-12 2019年4月中国投资者情绪指数单日表现（分板块）

（2）行业投资者情绪子指数

指数概览：4月食品饮料、休闲服务、金融、建筑材料、家用电器向好。

从月度行业情绪看，2019年4月投资者情绪最为乐观的五大行业分别是食品饮料（46.0）、休闲服务（44.7）、金融（44.4）、建筑材料（43.3）、家用电器（42.7）；最为悲观的五大行业分别是有色金属（39.3）、电气设备（39.3）、电子（39.1）、传媒（39.0）、纺织服装（38.9）（见图3-13）。与上月相比，情绪排名升幅最大的五大行业分别是：金融、汽车、建筑装饰、钢铁、商业贸易。

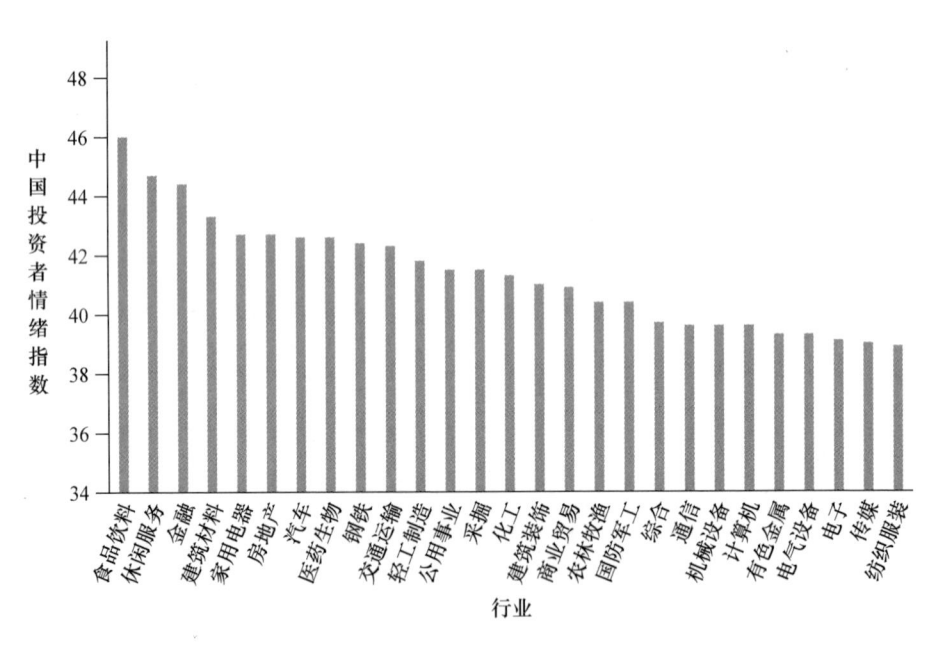

图3-13 2019年4月中国投资者情绪行业子指数平均排名

（3）不同风格投资者情绪子指数

分风格指数表现：金融类回升明显，稳定类小幅回升，其他风格投资者情绪指数不同程度回调。

2019年4月，投资者情绪指数按风格排序分别是金融（44.1）、消费（43.5）、稳定（41.7）、周期（41.0）、成长（40.0）。作为市场行情风向标之一的金融类投资者情绪指数上涨明显；稳定类风格投资者情绪指数小幅上升。其他风格投资者情绪指数较上月均有明显下降，其中成长类风格的投资者情绪指数下降最明显。整体而言，本月不同风格的投资者情绪指数走势分化较明显（见图3-14）。

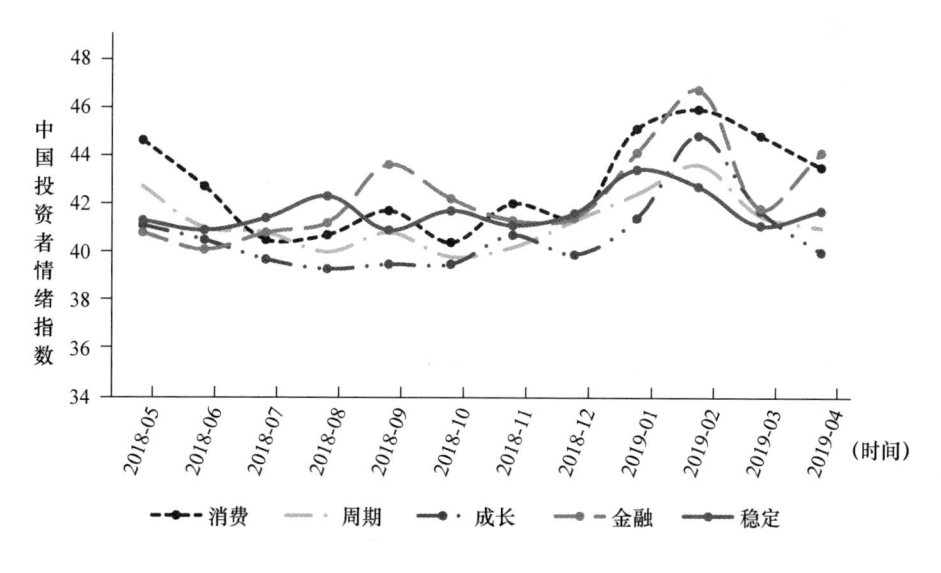

图3-14 中国投资者情绪风格子指数：2018-05—2019-04

3. 总结

本月是上市公司发布2018年年度报告和2019年第一季度季报的密集窗口期，投资者关注度指数持续上涨，但上升幅度趋缓。在宏观经济数据利好消息的推动下，月初投资者情绪指数上升幅度较大；但下旬国际与中国市场不确定性的增加导致投资者情绪趋于悲观。从板块角度看，上证50投资者情绪指数升高，而中证500、创业板、中小板投资者情绪指数则继续回调，板块情绪指数分化较为明显。就行业而言，食品饮料、休闲服务、金融、建筑材料、家用电器等行业投资者情绪指数表现最好。从风格来看，金融类上市公司投资者情绪回升明显，稳定类企业投资者情绪指数小幅回升，其他风格则呈现不同程度回落。总体而言，得益于以上证50为代表的蓝筹股投资者情绪指数的上升，本月投资者情绪指数较上月出现小幅上升。但是，中小股票投资者情绪指数依旧延续上月下降趋势，不同板块投资者情绪的分化也反映了投资者对未来不确定性的担忧，这些现象值得进一步关注。

◇◇ 第三节　2019年5月中国投资者情绪指数

> **2019年5月：投资者关注度下滑，避险情绪抬升**
>
> ● 2019年5月投资者关注度小幅下滑至236，但仍处于高位。
>
> ● 投资者情绪指数下滑至41.5，延续跌势，录得2019年以来最低值。
>
> ● 上证50、中证500、创业板投资者情绪指数走低，中小板小幅反弹。

第三章 2019年第二季度中国投资者情绪指数 **65**

> ● 休闲服务、食品饮料、家用电器、公用事业、建筑材料的投资者情绪最为乐观。
> ● 各大风格投资者情绪指数均出现不同程度回调。

1. 中国投资者情绪指数一级指数

（1）关注度指数

关注度指数反映了投资者的活跃程度，2019年5月投资者关注度指数为236，较上月下降约14%。这是2019年以来首次出现关注度下滑；本月上证指数整月在2900附近震荡，市场活跃度有所降低（见图3-15）。

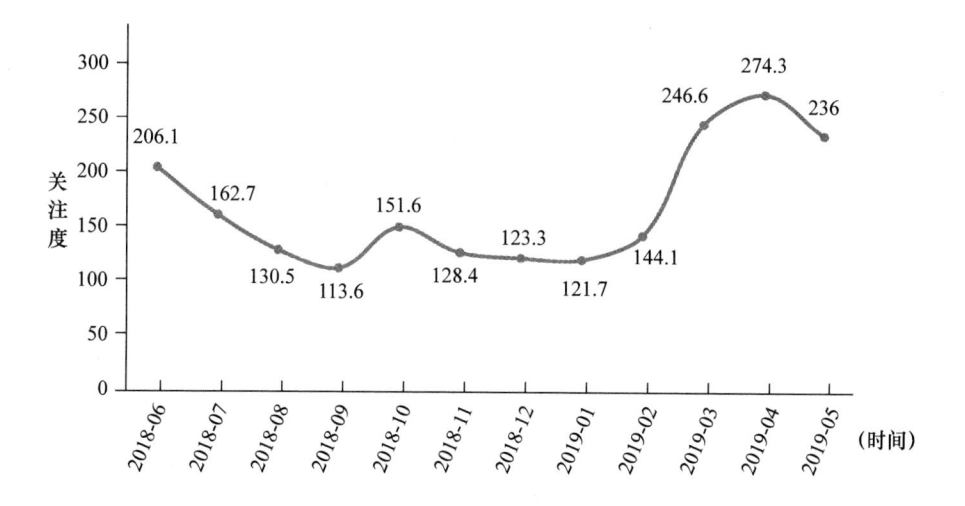

图3-15 投资者关注度指数：2018-06—2019-05

（2）情绪指数

2019年5月中国投资者情绪指数（CISI）为41.5，延续了自2019年2月以来的下跌趋势，较上月下降约4.2%，录得2019年以来最低值。这在过去12个月范围内也处于较低位置，并且也是在过去12个月首次出现关注度和情绪同时下跌的现象。

本月发生的重大事件包括：美联储暗示短期内无降息意愿，美国、德国和日本10年期国债收益率均下跌，美债利率倒挂；美国总统特朗普表示5月10日起对中国商品加征关税，对中国2000亿美元输美商品上调关税税率至25%，同时，美国商务部正式把华为技术有限公司以及其68家关联企业列入出口管制"实体清单"，贸易战进一步升级；国内方面，本月6日开盘前央行宣布决定从2019年5月15日开始对聚焦当地、服务县域的中小银行，实行较低的优惠存款准备金率；在贸易战升级的影响下人民币汇率持续走低，贬值压力骤增；宏观经济方面，制造业景气仍弱，生产仍在减速，5月制造业PMI回落至49.4%，跌至荣枯线以下。在此背景下，外围市场利空事件以及国内宏观经济不景气等在投资者情绪中均有所体现（见图3-16）。

就日度投资者情绪指数看，本月"五一"长假后第一个交易日投资者情绪指数录得最高值43.4，但随后几个交易日迅速走低，最低跌至39.1。本月日度投资者情绪指数在大部分交易日维持在40—43窄幅震荡，整月走势较平缓，跟上证指数走势保持大致相当走势（见图3-17）。

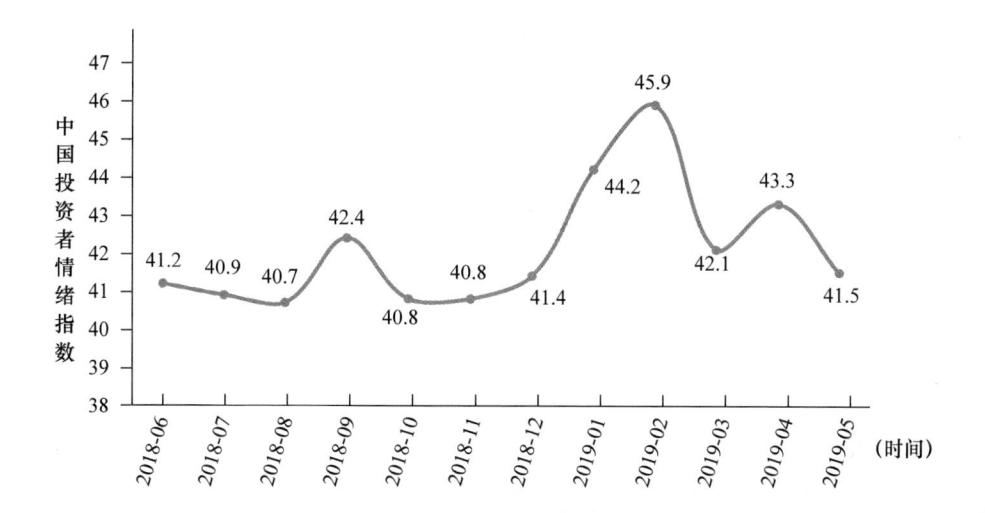

图 3-16 投资者情绪月度指数：2018-06—2019-05

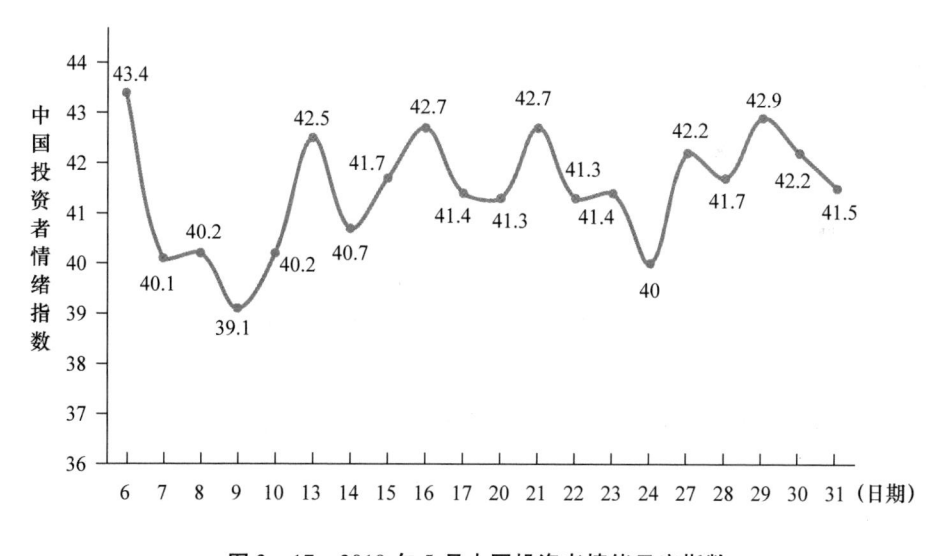

图 3-17 2019 年 5 月中国投资者情绪日度指数

为了对比市值大小与情绪指数之间的关系，我们将沪深 300 指数的成分股按照市值大小分为 10 等份，分别计算最大市值组股票和最小市值组股票的情绪指数,并给出最大市值组股票和最小市值组股票的情绪指数走势(见图3-18)。可以看到两组情绪走势相关性程度很高,走势基本一致,但最小市值组股票指数值明显处于最大市值组股票下方,并且其波动幅度高于最大市值组股票指数,反映了投资者对蓝筹股比对小市值股票更乐观。

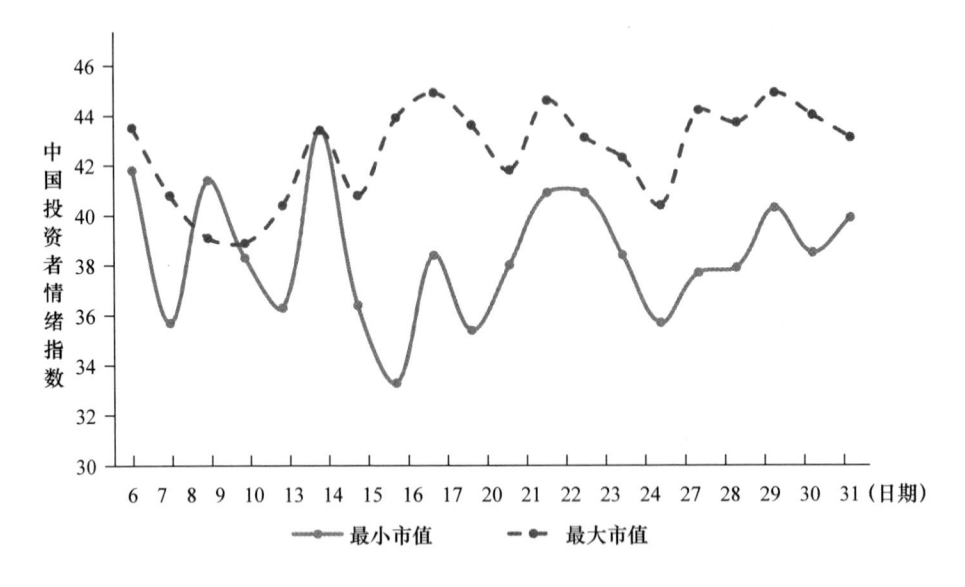

图3-18 2019年5月不同市值组股票中国投资者情绪日度指数

2. 中国投资者情绪指数二级指数

(1)投资者板块情绪子指数

指数概览:上证50、中证500、创业板投资者情绪指数弱势不改,中小板小幅反弹。

2019年5月,不同板块的情绪指数走势基本一致,除了中小板块外，其他板块情绪指数较上月均有不同程度的下滑。其中，上证50本月降至42，降幅最大，较上月降低5.8%，创业板为40.6（较上月下降2.2%），中证500为39.7（较上月下降2%），中小板投资者情绪指数为40.3，较上月小幅上升了1.8%（见图3-19）。

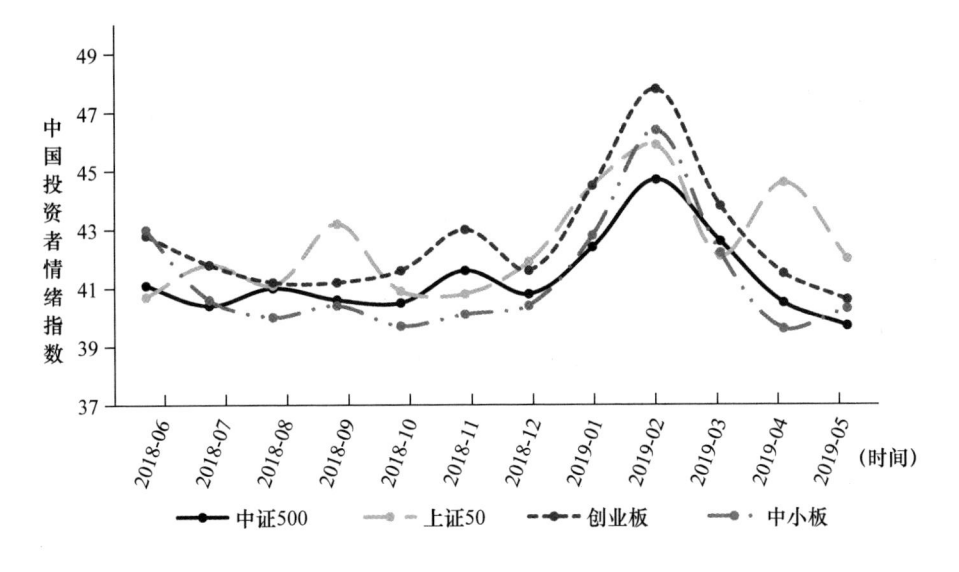

图3-19 中国投资者情绪板块子指数：2018-06—2019-05

各大板块单日情绪指数显示，本月各大板块情绪指数整月表现出震荡走势，不同交易日未出现明显的分化，上证50情绪指数普遍高于其他板块，中证500平均最低。本月各个板块投资者情绪指数大致在38—42窄幅震荡，未出现明显的向上或者向下单边走势，客观反映了不同板块投资者的情绪相对较稳定（见图3-20）。分板块情绪在水平上的差异表明市场总体避险情绪严重，对中小企业信心不足。

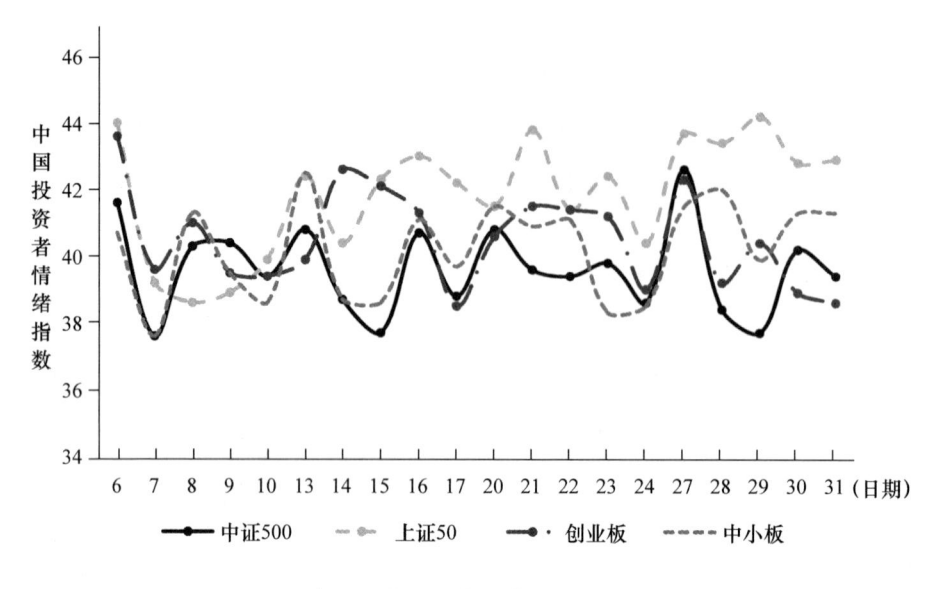

图 3-20 2019 年 5 月中国投资者情绪指数单日表现（分板块）

(2) 行业投资者情绪子指数

指数概览：5 月休闲服务、食品饮料、家用电器、公用事业、建筑材料向好。

从月度行业情绪看，2019 年 5 月投资者情绪最为乐观的五大行业分别是休闲服务（45）、食品饮料（43.8）、家用电器（42.6）、公用事业（42.1）、建筑材料（42）；最为悲观的五大行业分别是传媒（38.6）、电气设备（38.2）、综合（38.2）、建筑装饰（37.4）、通信（37.1）。与上月相比，情绪排名升幅最大的五大行业分别是纺织服装、电子、商业贸易、公用事业、农林牧渔（见图 3-21）。

(3) 不同风格投资者情绪子指数

分风格指数表现：各大风格投资者情绪指数继续出现不同程度

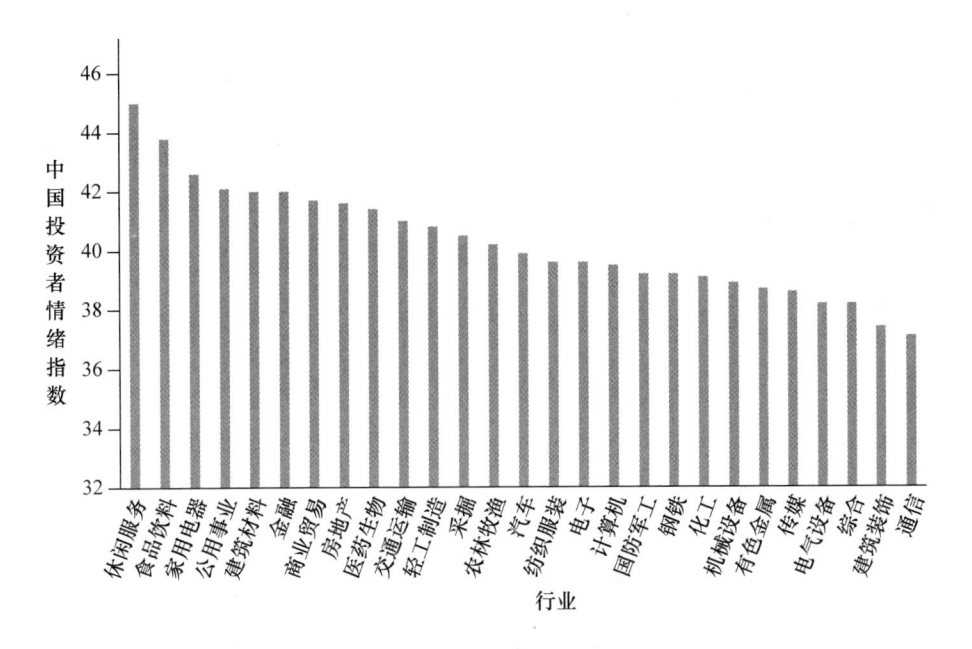

图 3-21 2019 年 5 月中国投资者情绪行业子指数平均排名

回调。

2019 年 5 月,投资者情绪指数按风格排序分别是消费(42.7)、周期(41)、稳定(40.9)、成长(40.5)、金融(40.1)。不同风格的投资者情绪指数较上月均有不同程度的下滑,作为市场行情风向标之一的金融类投资者情绪指数未能延续上月大幅上升趋势,下滑到与 3 月相当的水平。整体而言,本月不同风格的投资者情绪指数走势持续低迷态势(见图 3-22)。

3. 总结

本月投资者关注度指数出现 2019 年 1 月以来的首次下滑,但仍

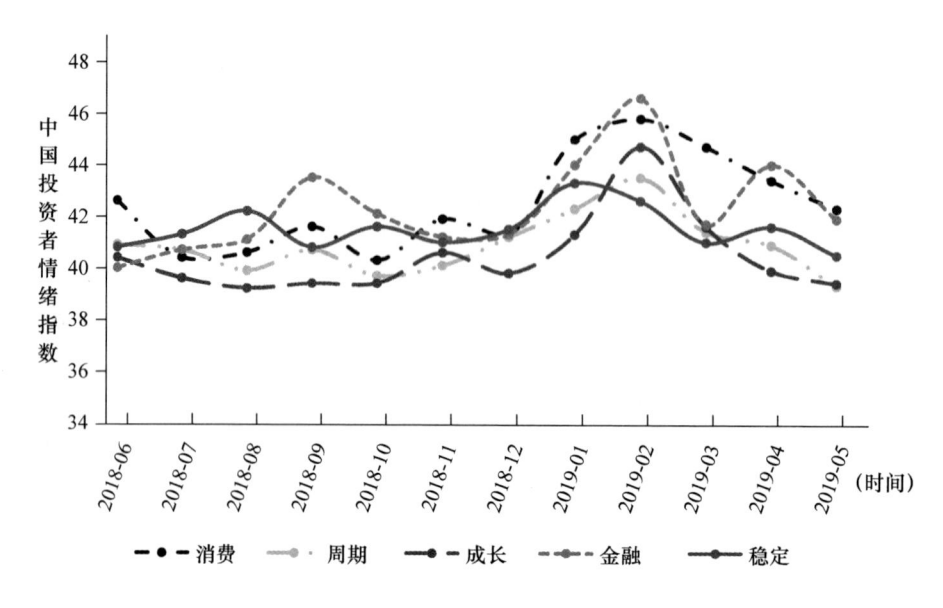

图 3-22　中国投资者情绪风格子指数：2018-06—2019-05

处于相对高位。受贸易战升级和国内宏观经济景气形势的影响，投资者情绪指数较上月明显下滑，并录得2019年以来最低值，整个月份中投资者情绪指数也呈现窄幅震荡走势。从板块角度看，除了中小板投资者情绪指数小幅反弹外，上证50、中证500、创业板投资者情绪指数弱势不改。就行业而言，休闲服务、食品饮料、家用电器、公用事业、建筑材料等行业投资者情绪指数表现最好。从风格来看，各大风格投资者情绪指数均出现不同程度回调。总体而言，受累于国内和国际不同事件的冲击，投资者对未来的不确定性预期增加，投资者情绪指数下滑明显，各大板块和各大风格的投资者情绪指数均下滑明显，投资者信心亟待修复。

◇◇ 第四节 2019年6月中国投资者情绪指数

2019年6月：投资者关注度持续下滑，情绪指数小幅反弹

- 2019年6月投资者关注度下滑至191.3，较上月下降约18.9%，延续跌势。
- 投资者情绪指数小幅上升至42.6，投资者情绪有所回暖。
- 各大板块指数均小幅反弹，多头排列明显。
- 休闲服务、食品饮料、金融、公用事业、建筑材料的投资者情绪最为乐观。
- 各大风格投资者情绪指数均有不同程度上升。

1. 中国投资者情绪指数一级指数

（1）关注度指数

关注度指数反映了投资者的活跃程度，2019年6月投资者关注度指数为191.3，较上月下降约18.9%。本月关注度指数延续上月跌势继续下滑，仅高于2019年2月的水平。本月上证综指在2900—3000的震荡似乎消耗了投资者耐心，出现了市场活跃度继续下滑的现象（见图3-23）。

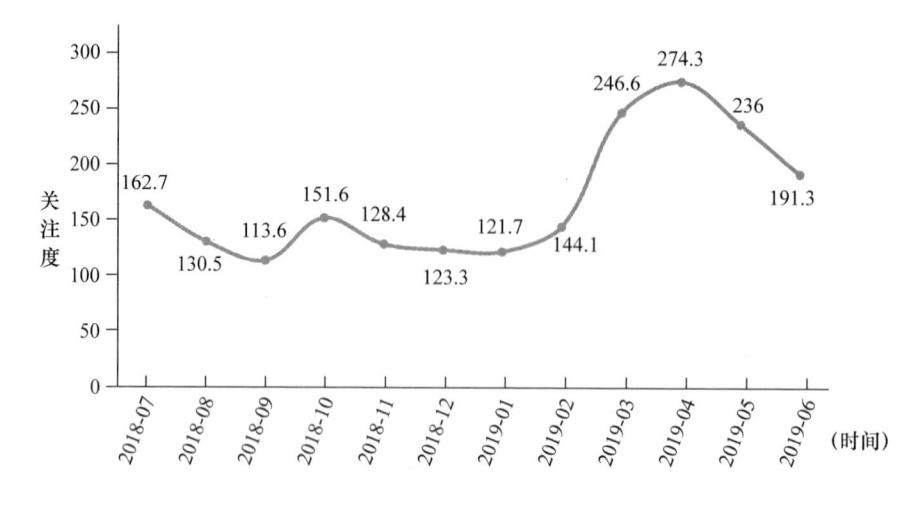

图 3-23　投资者关注度指数：2018-07—2019-06

（2）情绪指数

2019年6月中国投资者情绪指数（CISI）为42.6，较上月小幅上升了2.7%，投资者情绪有所回暖，但未改变自2019年2月以来的下跌趋势，指数在过去12个月范围内仍然处于较低位置。

本月发生的重大事件包括：受美联储降息预期以及欧央行释放宽松信号的影响，全球主要市场的股票均出现不同程度的上涨；本月美国与墨西哥达成暂停加增关税，以及在日本大阪召开的G20大阪峰会中，中美两国举行会晤并决定重启两国经贸磋商，全球贸易环境趋好，刺激了股市回暖；6月13日，科创板正式开板也带动了部分市场人气。宏观方面，统计局发布的经济数据欠佳，工业生产继续转弱，地产基建拖累投资，全国固定资产投资同比增速回落，国内经济仍存在下行压力。整体而言，国际贸易环境持续改善，宏观经济依旧不景气。在此背景下，股市延续上月的震荡走势，利好刺激下略有反弹，投资者情绪较上月小幅回升（见图3-24）。

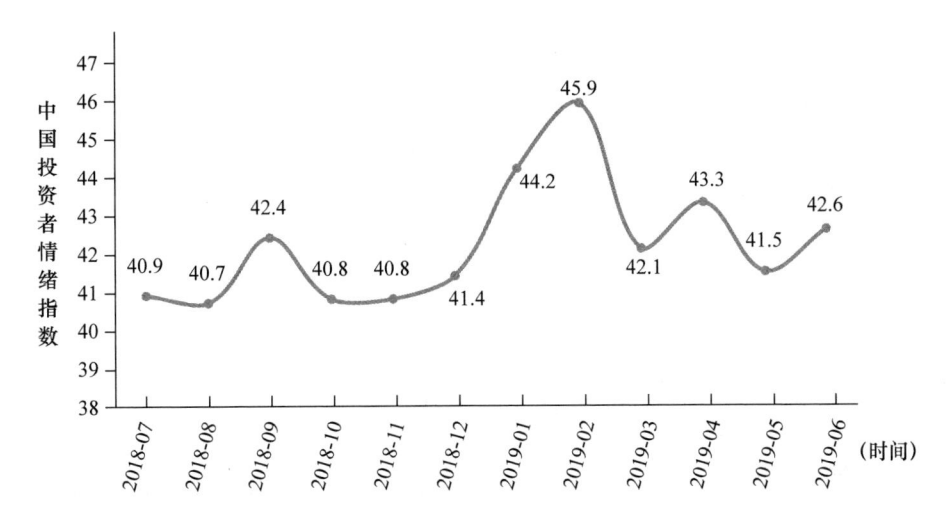

第三章 2019年第二季度中国投资者情绪指数 **75**

图 3-24 2019年中国投资者情绪月度指数：2018-07—2019-06

就日度投资者情绪指数看，本月投资者情绪最低值为40.4，最高值为45.8，月末的波动幅度明显高于月初，整月走势震荡向上，跟上证综指走势保持大致一样（见图3-25）。

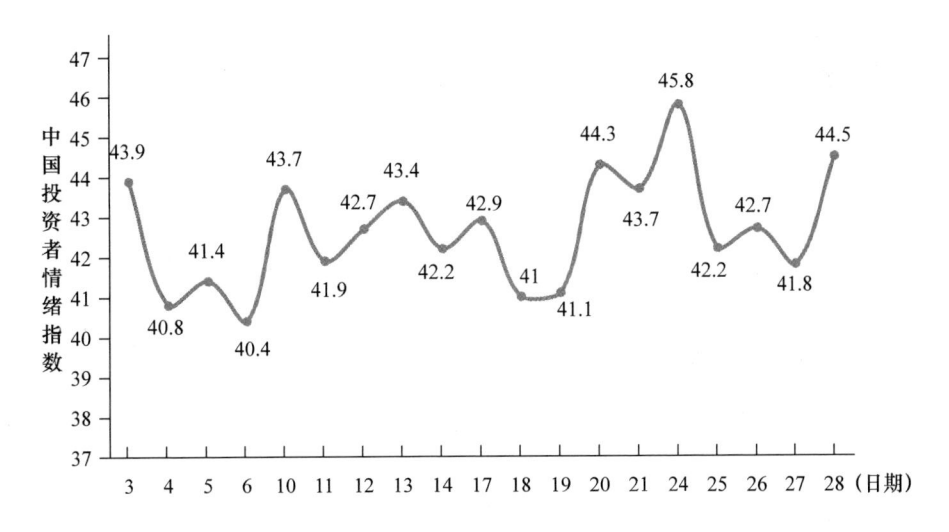

图 3-25 2019年6月中国投资者情绪日度指数

为了对比市值大小与情绪指数之间的关系，我们将沪深300指数的成分股按照市值大小分为10等份，分别计算最大市值组股票和最小市值组股票的情绪指数，并给出最大市值组股票和最小市值组股票的情绪指数走势（见图3-26）。可以看到两种走势相关性程度很高，但最小市值组股票指数值明显处于最大市值组股票下方，且最小市值组股票指数波动幅度高于最大市值组股票指数，反映了蓝筹股的投资者情绪比小市值股票更乐观。

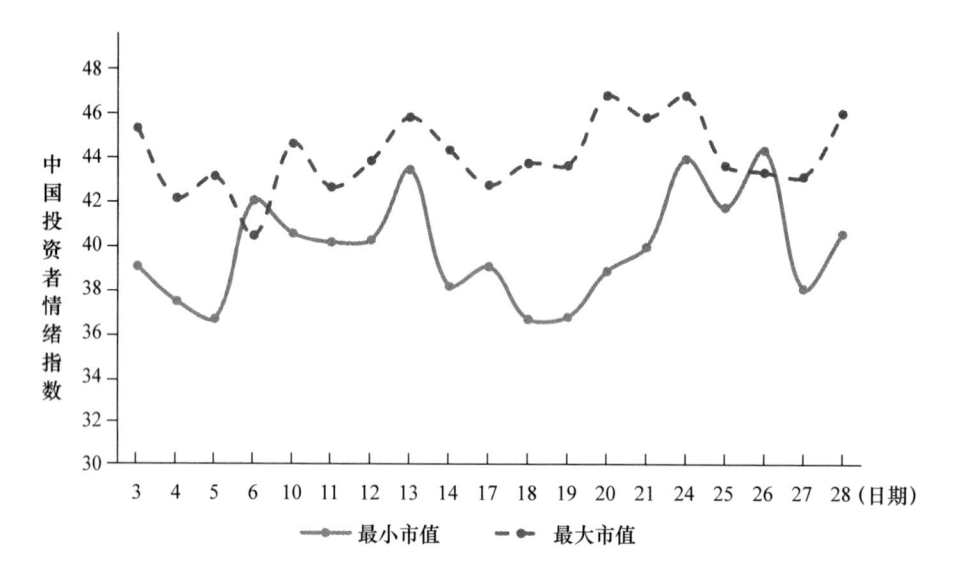

图3-26 2019年6月不同市值组股票中国投资者情绪日度指数

2. 中国投资者情绪指数二级指数

（1）投资者板块情绪子指数

指数概览：各大板块指数均小幅反弹，多头排列明显。

2019年6月，不同板块的情绪指数走势基本一致，各大板块投资者情绪指数均出现小幅反弹。其中，上证50本月升至43.7，升幅最大，较上月上升了4%；中小板其次，升至41.6，较上月上升了3.2%；创业板为41.7，较上月上升了2.7%；中证500为40.2，较上月小幅上升了1.3%（见图3-27）。

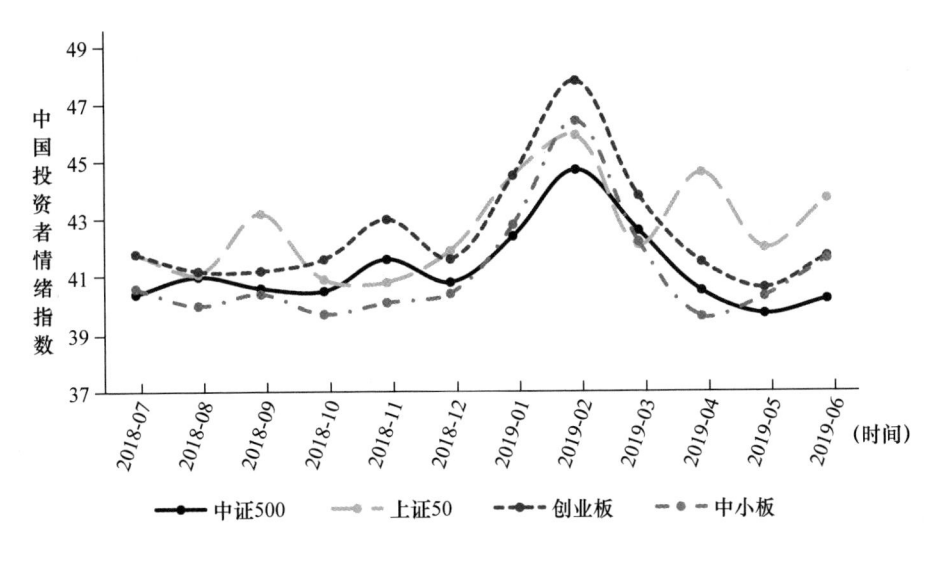

图3-27 投资者情绪板块子指数：2018-07—2019-06

各大板块单日情绪指数显示，本月各大板块情绪指数整月表现出震荡走势。整体来看，月末各大板块投资者情绪指数高于月初，上证50情绪指数普遍高于其他板块，中证500则最低。本月各个板块投资者情绪指数大致在38—42窄幅震荡，未出现明显的向上或者向下单边走势，客观反映了不同板块投资者的情绪相对较稳定（见图3-28）。

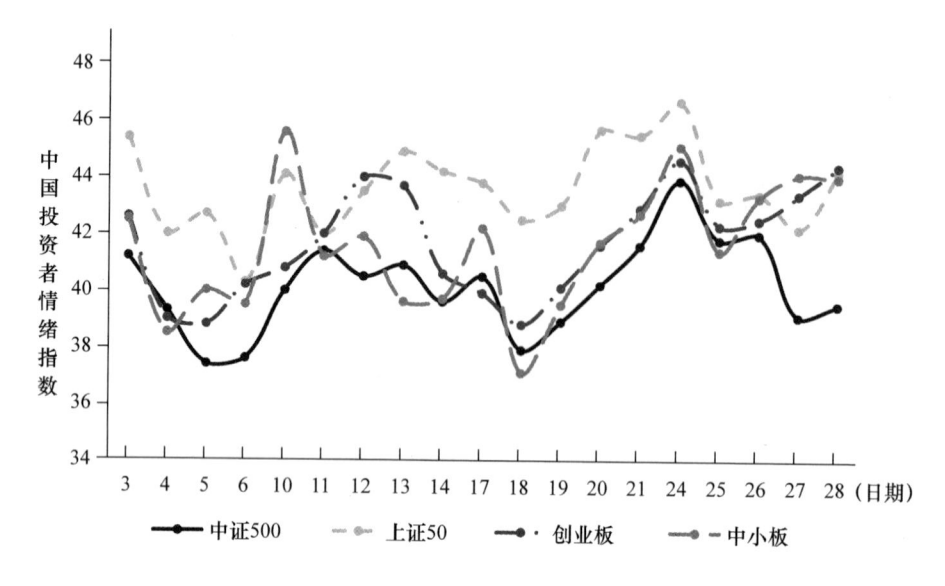

图 3-28 2019 年 6 月中国投资者情绪指数单日表现（分板块）

（2）行业投资者情绪子指数

指数概览：6 月休闲服务、食品饮料、金融、公用事业、建筑材料向好。

从月度行业情绪看，2019 年 6 月投资者情绪最为乐观的五大行业分别是休闲服务（49.9）、食品饮料（44.6）、金融（43.3）、公用事业（42.4）、建筑材料（42.4）；最为悲观的五大行业分别是化工（39.2）、农林牧渔（39.1）、通信（38.6）、电气设备（38.3）、国防军工（38）。与上月相比，情绪排名升幅最大的五大行业分别是电子、传媒、公用事业、纺织服装、计算机（见图 3-29）。

（3）不同风格投资者情绪子指数

分风格指数表现：各大风格投资者情绪指数不同程度上升。

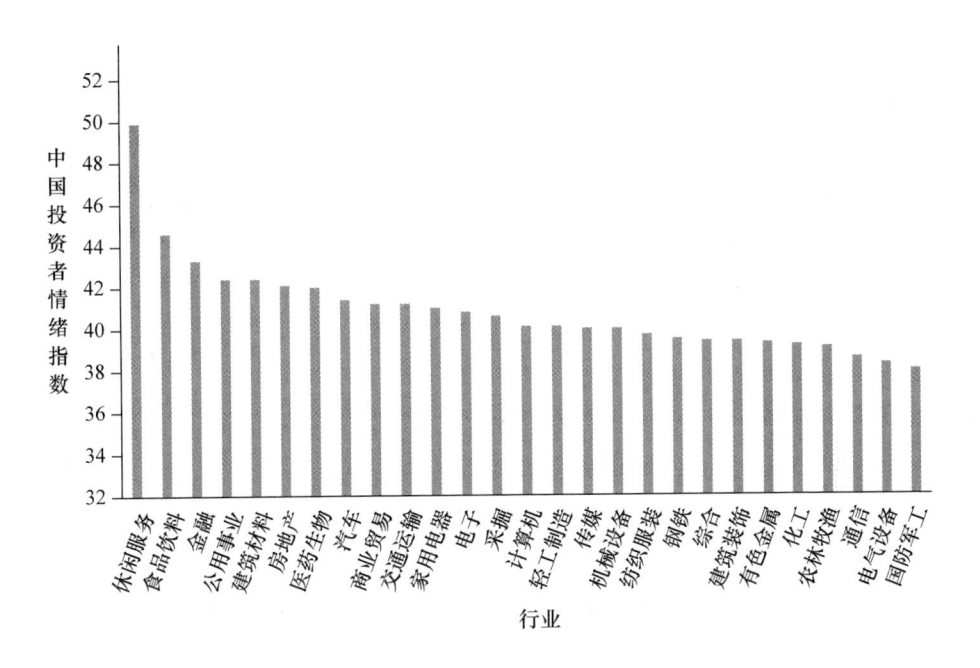

图 3-29　2019 年 6 月中国投资者情绪行业子指数平均排名

2019 年 6 月，投资者情绪指数按风格排序分别是金融（43.2）、消费（42.5）、稳定（41.4）、成长（40.1）、周期（40）。不同风格的投资者情绪指数较上月均有不同程度的上升，作为市场行情风向标之一的金融类投资者情绪指数反弹幅度最大。整体而言，本月不同风格的投资者情绪指数走势小幅上升，但未改低迷态势（见图 3-30）。

3. 总结

本月投资者关注度指数延续了上月的跌势，继续大幅下滑，指

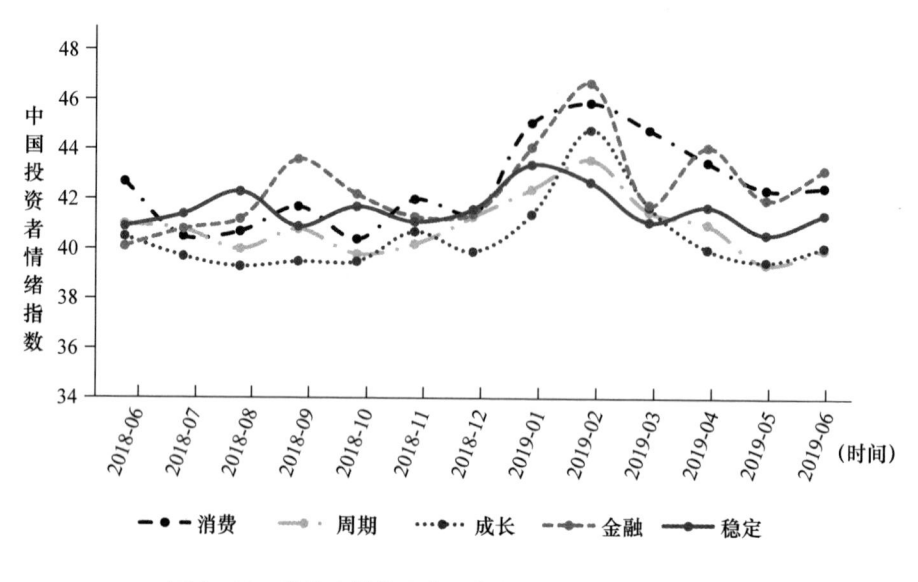

图 3-30　投资者情绪风格子指数：2018-06—2019-06

数仅高于2019年2月的水平。受美联储降息的预期、欧央行释放宽松信号、中美重启经贸磋商的影响，利好刺激下投资者情绪指数本月略有反弹，但国内宏观经济数据依旧不理想，整个月份中投资者情绪指数也呈现窄幅震荡走势。从板块角度看，各大板块投资者情绪指数均有不同程度的反弹，多头排列明显。就行业而言，6月休闲服务、食品饮料、金融、公用事业、建筑材料投资者情绪指数表现最好。从风格来看，不同风格的投资者情绪指数较上月均有不同程度的上升。总体而言，受国际贸易环境的改善，投资者情绪在利好的冲击下小幅反弹，各大板块也出现小幅反弹，但受制于国内宏观经济不景气的影响，反弹有限，能否持续有待进一步观察。

第四章

2019年第三季度中国投资者情绪指数

◇◇ 第一节 2019年第三季度投资者情绪简述

1. 2019年第三季度投资者情绪简介

本节我们总结2019年第三季度（7—9月）情绪指数基本特征，并在后面各小节分别介绍每月详细投资者情绪发展和变化情况。总体来看，中美贸易摩擦持续加大、央行降准政策推动下，投资者情绪指数呈现深"V"震荡走势。详细表现为，第一，自2015年来，投资者情绪指数在过去4年处于中等偏上位置，在过去12年处于中等位置；第二，跟过去5个季度相比，分行业、分板块和分风格的投资者情绪跟2018年同期并无本质差异，跟上季度相比也一样。我们从六个角度来刻画第三季度投资者情绪的基本情况。

第一，受中央政治局会议召开、美国总统特朗普继续加征关税等影响，在2019年第三季度中国投资者情绪指数整体走低。在2015年7月至今，第三季度中国投资者情绪指数处于相对中部位置，而从 2008 年 7 月至 2019 年 3 月，第三季度的投资者情绪指数处于偏低位置。2019 年第三季度的投资情绪相对于 2015 年"去杠杆"政策以来处于相对中等偏上位置，相对于 2019 年第二季度而言则明显偏低。

第二，在过去 12 个月中，关注度指数在 2019 年第三季度保持平稳，几乎没有发生很明显的变化，最高值为 178.1，最低值为 177.6，为过去 12 个月的中部水平（见图 4-1）。

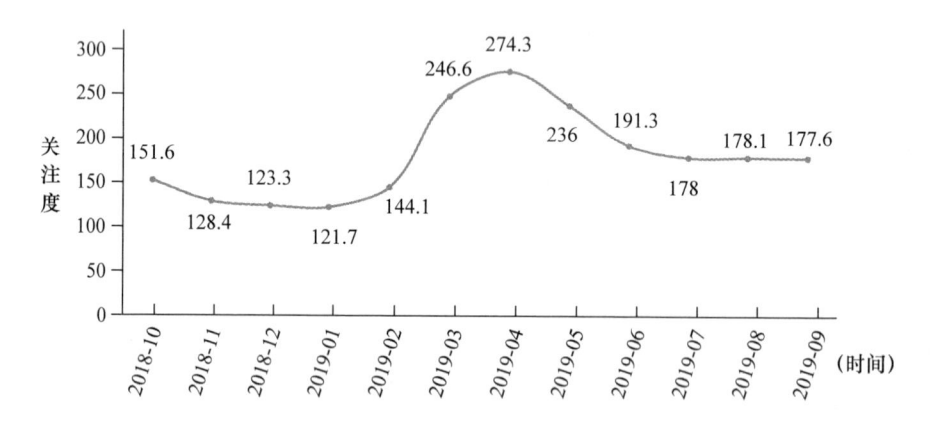

图 4-1 投资者关注度：2018-10—2019-09

中国投资者情绪指数也表现较低迷，在 2019 年第三季度三个月呈现深"V"走势，最低值为 40.3，为过去 12 个月最低值（见图 4-2）。总体来看，中美贸易摩擦加剧导致全球不确定性增加等因素，降低了投资者对未来投资的信心，投资者情绪指数也相应出现下滑；当然，央行实施降准等政策也提振了部分市场信心。

第三，2019 年第三季度中美贸易摩擦继续增加，以及央行降准等政策导致市场呈现深"V"走势，投资者情绪也呈现相类似走势，

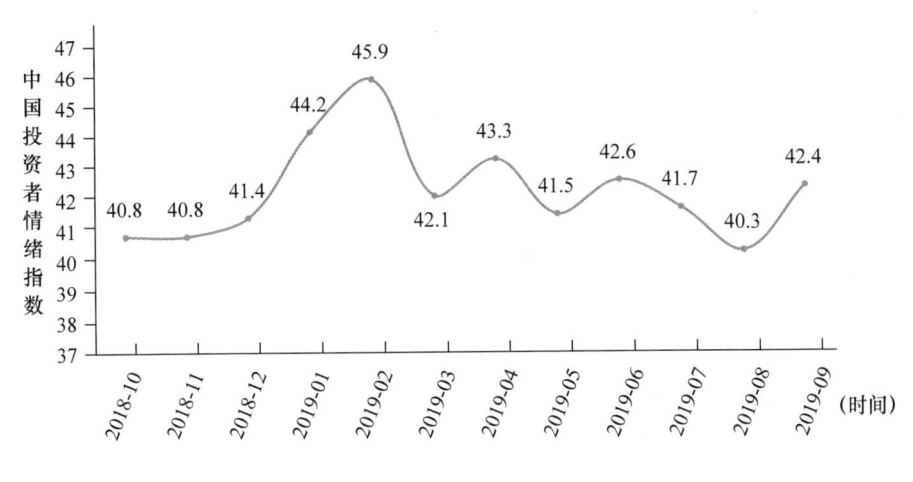

图 4-2 投资者情绪：2018-10—2019-09

但在不同的行业存在明显的差异。其中休闲服务、食品饮料、医药生物、房地产、金融等行业表现最好，投资者情绪最高；而综合、有色金属、纺织服装、通信、建筑装饰这 5 个行业则表现最差，投资者情绪表现低迷（见图 4-3）。

第四，除了投资者情绪的水平值之外，我们进一步考察情绪的波动情况。图 4-4 将 2019 年第三季度的投资者情绪按照平均情绪水平和方差分为四个象限。其中，左上象限是情绪水平高、波动低，表明投资者持续乐观；右上象限是情绪水平高、波动高，反映一个月内对该行业不同投资者虽然总体看好但不一致程度也较高；左下象限为情绪低、波动低，说明投资者当月对该行业较悲观；而右下象限则是情绪低、波动高，说明在悲观的基调下也有乐观的要素。总体来看，本季度投资者对休闲服务、金融等行业持续乐观，对通信、建筑装饰等行业情绪水平相对低，房地产情绪总体水平高但是波动大，而机械设备、综合等行业投资者情绪偏悲观且情绪波动也比较大。

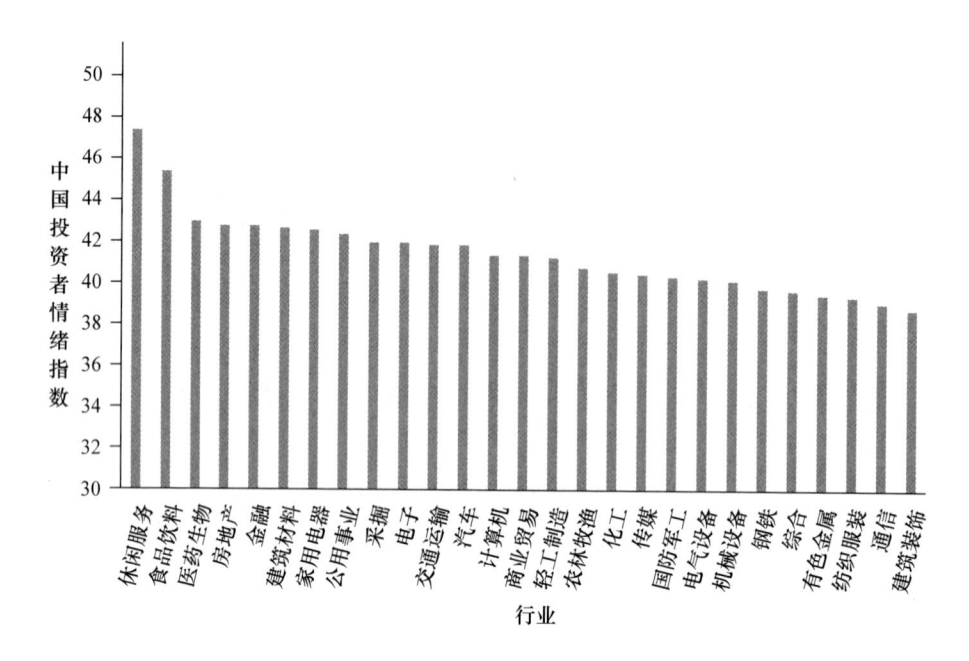

图 4-3 2019 年第三季度分行业平均情绪

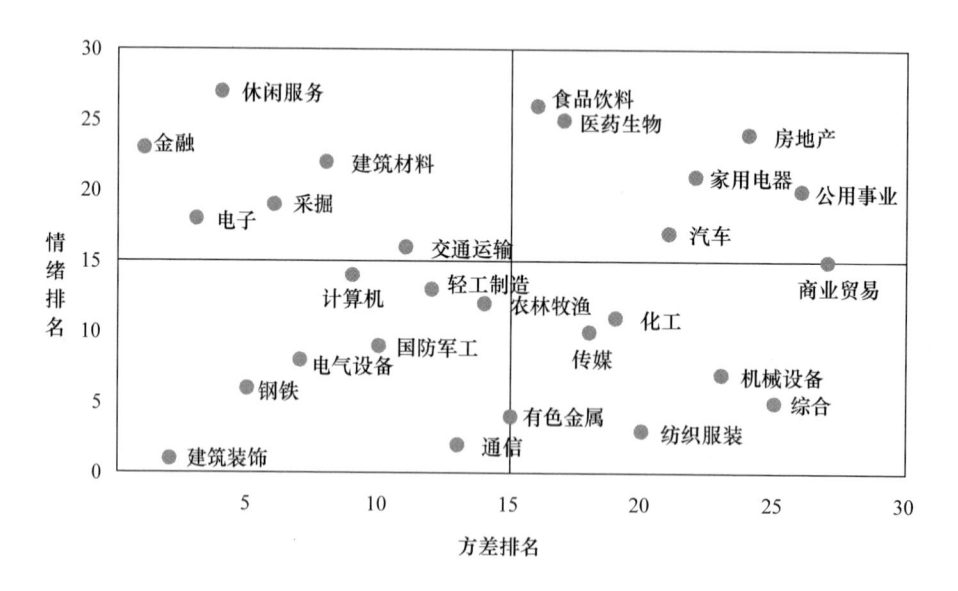

图 4-4 2019 年第三季度分行业情绪水平与波动程度

第四章 2019年第三季度中国投资者情绪指数 | 85

第五，从分板块的投资者情绪来看，图4-5显示，2019年第三季度创业板的投资者情绪指数最高，上证50其次，中证500的投资者情绪指数最低；与2018年同期相比，创业板的投资者情绪指数显著高于2018年同期，上证50、中小板和中证500与2018年同期大致相当。

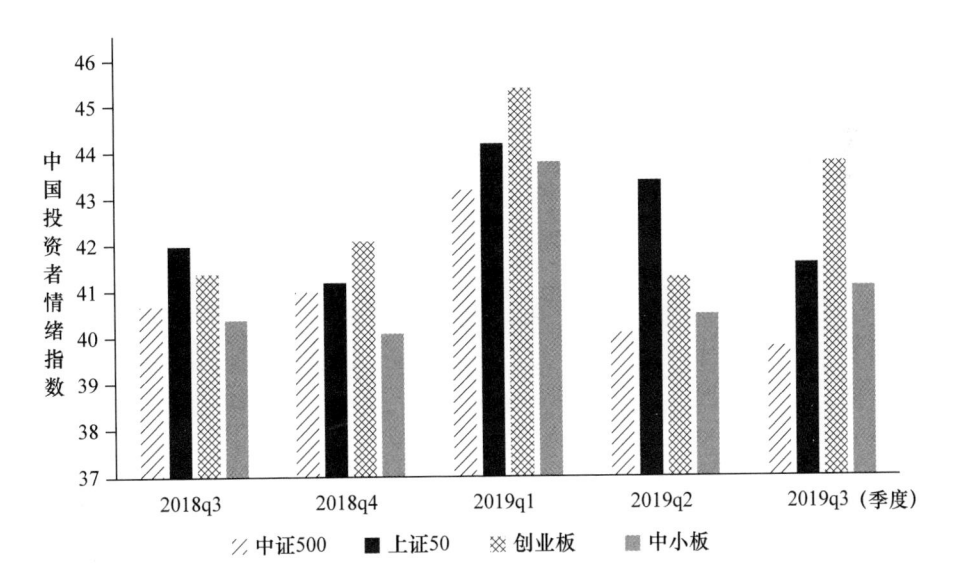

图4-5 分板块的投资者情绪：2018年第三季度至2019年第三季度

第六，从不同的风格投资者情绪来看，图4-6显示，2019年第三季度的消费风格投资者情绪指数最高，金融投资情绪指数其次，周期风格投资者情绪指数最低；与2018年同期相比，消费、周期、成长、金融和稳定风格的投资者情绪指数与同期差异较大，与2019年第一季度相比，各个风格情绪指数大致低于第一季度。

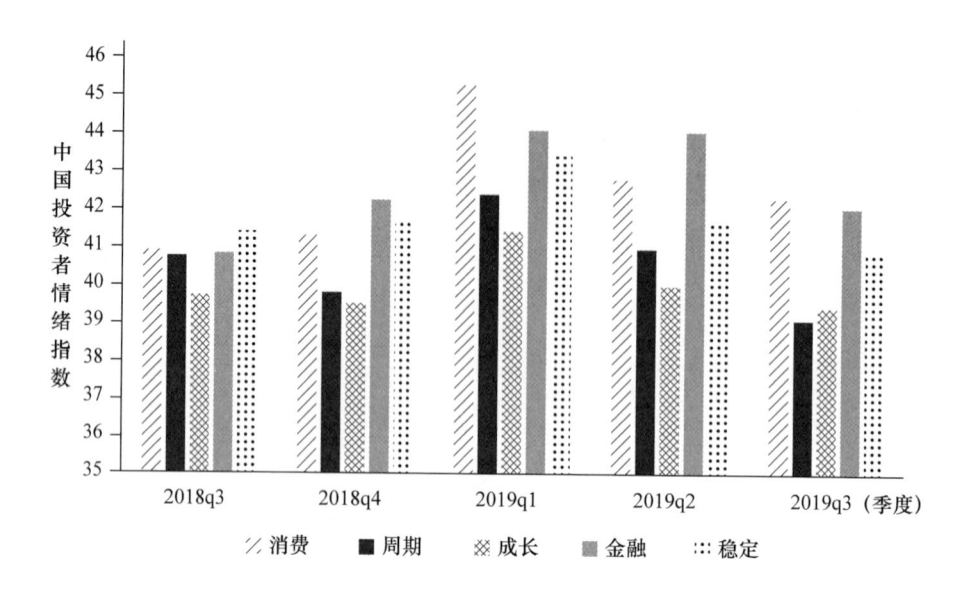

图 4-6　分风格的投资者情绪：2018 年第三季度至 2019 年第三季度

2. 总结

2019 年第三季度国内外发生了很多影响金融市场走势的重大事件。国际方面，中美经贸磋商于 2019 年 7 月重启，但 8 月 24 日美国总统特朗普宣布从 10 月 1 日起将 2500 亿美元中国输美商品加征关税税率从 25% 提高至 30%，并计划对其余 3000 亿美元中国输美商品加征关税税率从原定的 10% 提高至 15%，中美贸易紧张局势陡增。9 月沙特阿拉伯的两处主要石油设施遭无人机攻击引发大火，国际原油价格暴涨。国内方面，科创板如期正式交易，央行宣布下调金融机构存款准备金率。

在国内和国际重大事件影响下，第三季度中国投资者情绪指数整体走低，呈现深"V"走势，且在过去12年中处于相对偏低位置。而关注度指数在2019年第三季度保持平稳，几乎没有发生很明显的变化。从行业来看，休闲服务、食品饮料、医药生物、房地产、金融五大行业表现最好，投资者情绪最高；而综合、有色金属、纺织服装、通信、建筑装饰这五大行业则表现最差，投资者情绪表现低迷。从板块来看，第三季度创业板的投资者情绪指数最高，上证50其次，中证500的投资者情绪指数最低；与2018年同期相比，创业板的投资者情绪指数显著高于2018年同期，上证50、中小板和中证500与2018年同期大致相当。从风格来看，第三季度的消费风格投资者情绪指数最高，金融投资情绪指数其次，周期风格投资者情绪指数最低；与2018年同期相比，消费、周期、成长、金融和稳定风格的投资者情绪指数与同期差异较大，与2019年第一季度相比，各个风格情绪指数大致低于第一季度。

◇◇ 第二节 2019年7月中国投资者情绪指数

> **2019年7月：投资者关注度下滑，情绪指数走低**
>
> ● 2019年7月投资者关注度延续跌势下滑至178，较上月下降约7%。
>
> ● 投资者情绪指数为41.7，较上月小幅下降了2.1%。
>
> ● 创业板继续反弹，其他各大板块集体回调。

- 休闲服务、食品饮料、金融、汽车、家用电器的投资者情绪最为乐观。
- 各大风格投资者情绪指数不同程度下降。

1. 中国投资者情绪指数一级指数

（1）关注度指数

关注度指数反映了投资者的活跃程度，2019年7月投资者关注度指数为178，较上月下降约7%。本月延续自2019年4月以来的跌势，接近过去12个月以来的底部区域，不过跌幅有所放缓。本月上证综指继续在2800—3000点窄幅震荡，持续消耗投资者耐心，市场活跃度下滑态势不减（见图4-7）。

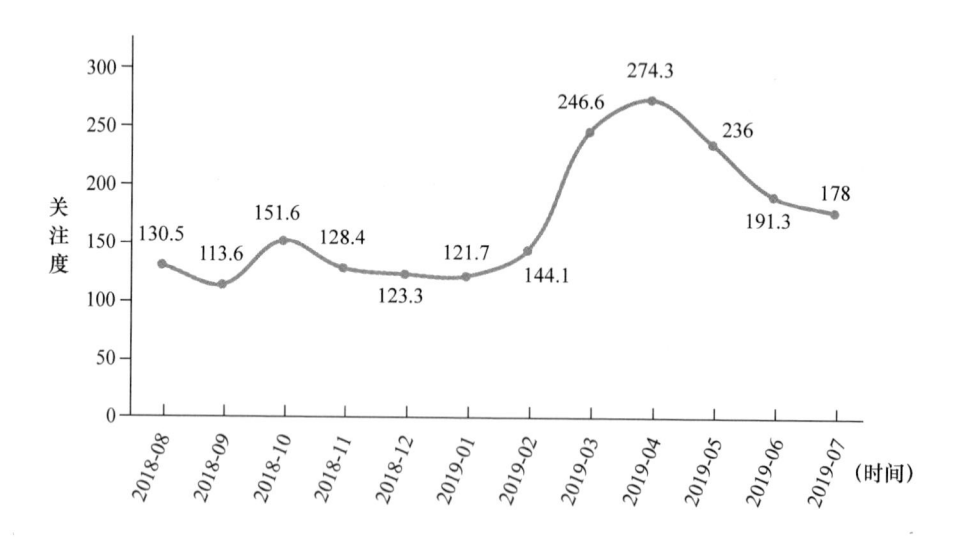

图4-7 投资者关注度指数：2018-08—2019-07

第四章 2019年第三季度中国投资者情绪指数

（2）情绪指数

2019年7月中国投资者情绪指数（CISI）为41.7，未能延续上月反弹，较上月小幅下降了2.1%。目前指数在过去12个月范围内也处于较低位置，未来存在触底反弹可能性。

本月发生的重大事件包括：中美经贸磋商重启、美国强劲的非农数据影响，以及美联储降息预期加强，市场乐观情绪有所升温，但中美经贸争端走向以及英国无协议脱欧等事件的不确定性依然存在；国内方面，本月发布2019年第二季度经济数据，从投资和消费增速来看均大幅超市场预期，增速反弹明显，带动了股市局部回暖，但经济数据能否持续改善有待进一步观察，国内经济仍存在下行压力；科创板本月如期正式交易，大量股票密集上市导致主板吸血效应明显。整体而言，宏观经济回暖，国际贸易不确定因素仍然较多。在此背景下，股市延续上月的震荡走势，投资者情绪较上月小幅下降（见图4-8）。

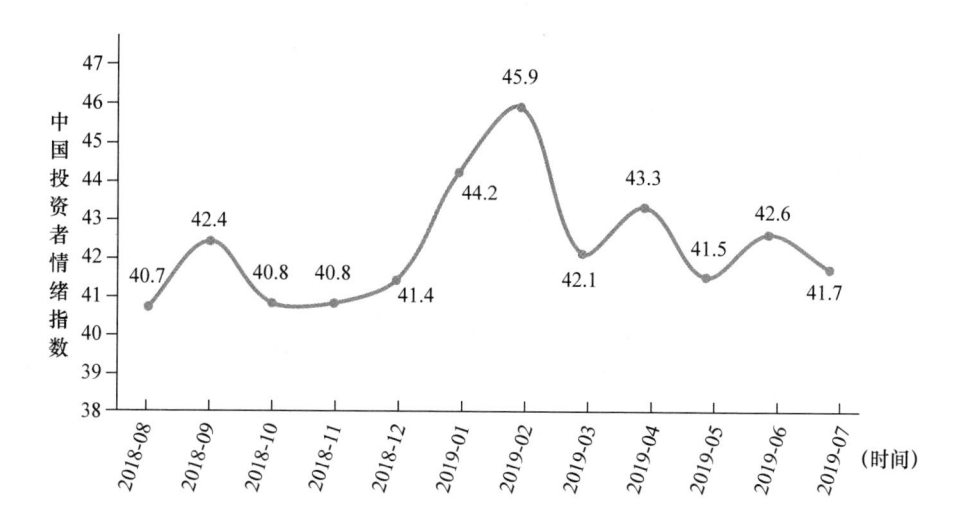

图4-8 中国投资者情绪月度指数：2018-08—2019-07

就日度投资者情绪指数看，本月投资者情绪最低值为38，最高值为44.9，整月振幅较大，呈"W"形走势，跟上证综指走势总体保持一致（见图4-9）。

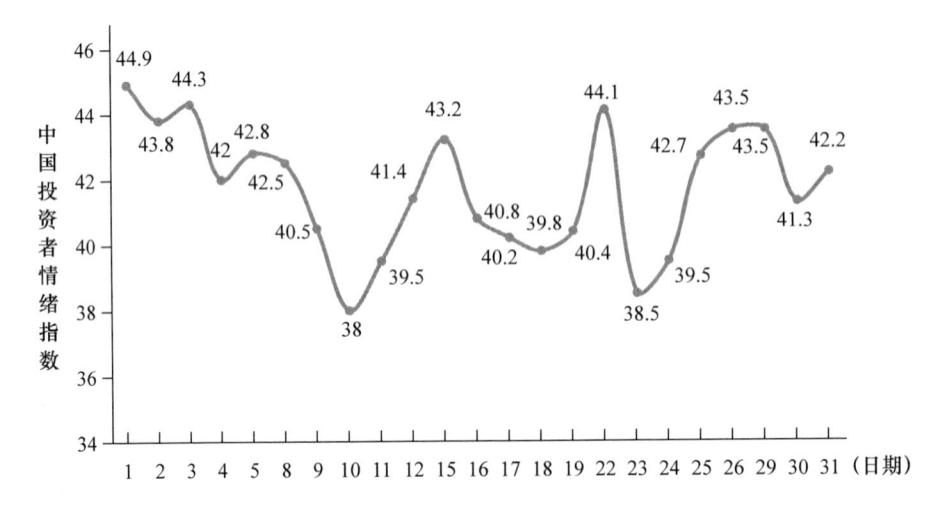

图4-9 2019年7月中国投资者情绪日度指数

为了对比市值大小与情绪指数之间的关系，我们将沪深300指数的成分股按照市值大小分为10等份，分别计算最大市值股票组和最小市值股票组的情绪指数，并给出最大市值股票组和最小市值股票组的情绪指数走势（见图4-10）。可以看到两种走势相关性程度较高。本月上中旬最大市值组和最小市值组股票的情绪指数各有高低，但到了本月下旬则最小市值组股票情绪指数明显低于最大市值组股票指数，这反映了本月下旬投资者的避险情绪上升，更偏好蓝筹股。

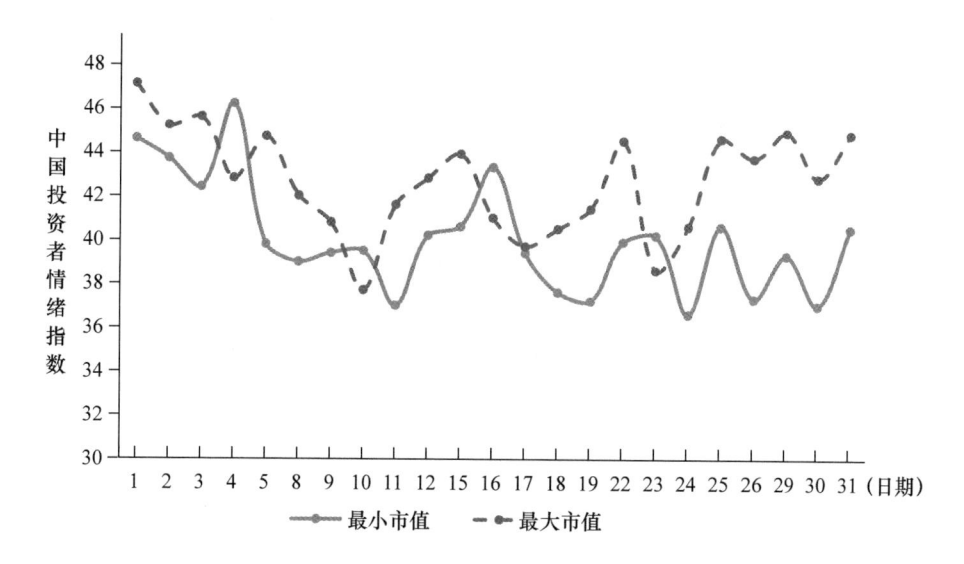

第四章 2019年第三季度中国投资者情绪指数 | 91

图4-10 2019年7月不同市值中国投资者情绪日度指数

2. 中国投资者情绪指数二级指数

（1）投资者板块情绪子指数

创业板继续反弹，其他各大板块集体回调。

2019年7月，创业板投资者情绪指数为43.7，较上月上升了4.8%，上升明显，也是本月唯一上升的板块；上证50本月跌幅最大，为42，较上月下跌3.9%；中证500其次，为39.3，较上月下跌2.2%；中小板跌幅最小，为41.6，较上月下跌0.5%（见图4-11）。

各大板块单日情绪指数显示，本月各大板块情绪指数整月表现出震荡走势，创业板投资者情绪指数走势明显高于其他板块，表现突出；中证500低于其他板块。本月各个板块投资者情绪指数大致在36—48震荡，振幅区间较大，但趋势相对平稳，未出现明显上升或者下降的单边走势（见图 4-12）。

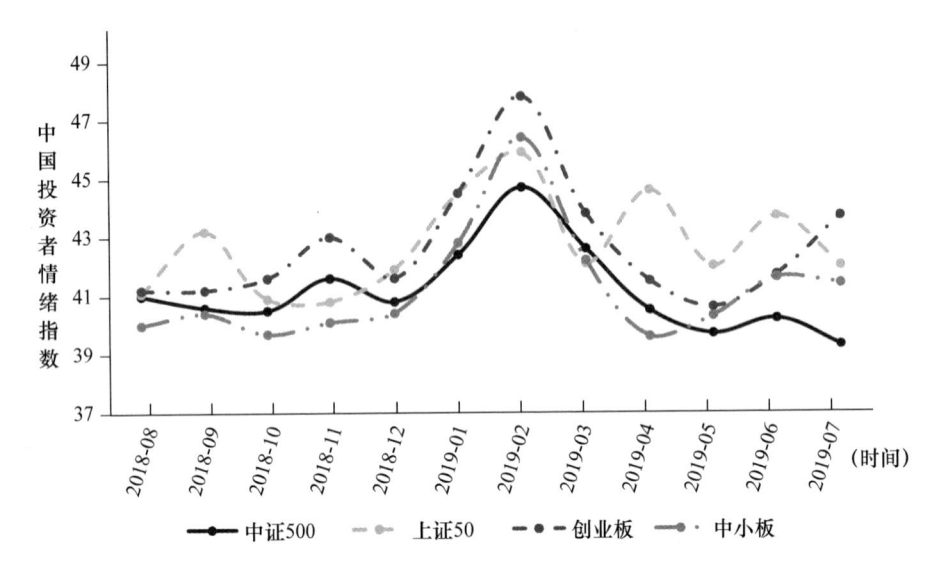

图 4-11 投资者情绪板块子指数：2018-08—2019-07

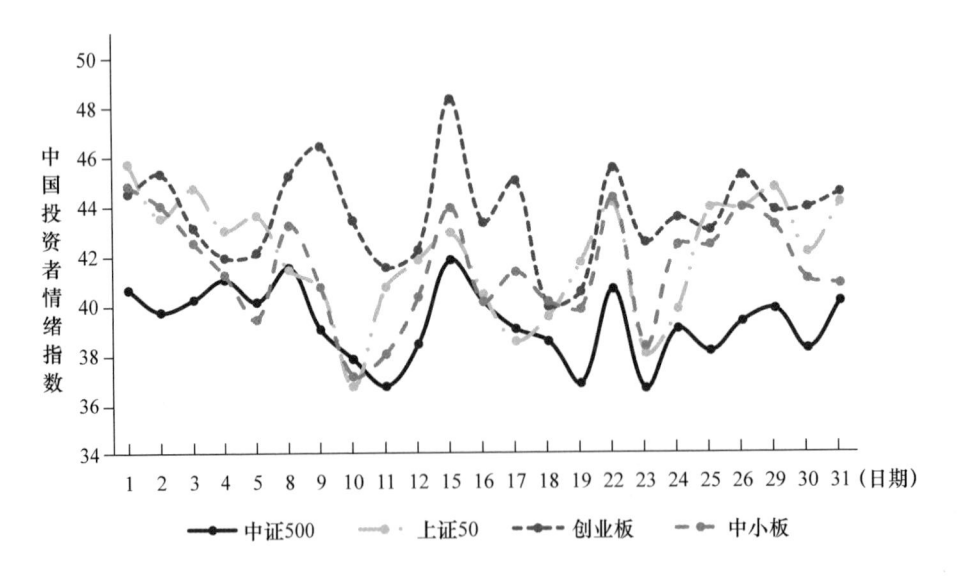

图 4-12 2019 年 7 月中国投资者情绪指数单日表现（分板块）

（2）行业投资者情绪子指数

7月休闲服务、食品饮料、金融、汽车、家用电器向好。

从月度行业情绪看，2019年7月投资者情绪最为乐观的五大行业分别是休闲服务（47）、食品饮料（42.6）、金融（42.1）、汽车（42）、家用电器（41.9）；最为悲观的五大行业分别是综合（37.7）、通信（37.1）、纺织服装（37）、有色金属（36.9）、钢铁（36.9）。与上月相比，情绪排名升幅最大的五大行业分别是电气设备、国防军工、农林牧渔、家用电器、汽车（见图4-13）。

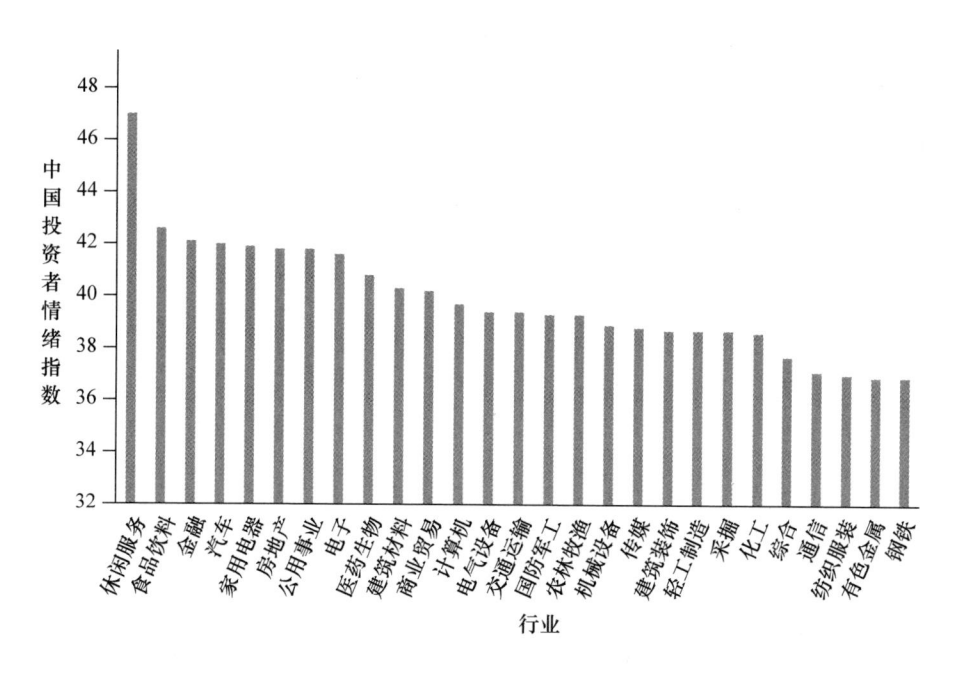

图4-13 2019年7月中国投资者情绪行业子指数平均排名

（3）不同风格投资者情绪子指数

各大风格投资者情绪指数不同程度下降。

2019年7月，投资者情绪指数按风格排序分别是金融（42.1）、消费（41.6）、稳定（40.9）、成长（39.4）、周期（39.1）。不同风格的投资者情绪指数较上月均有不同程度的下降，作为市场行情风向标之一的金融类投资者情绪指数也较上月小幅下滑。整体而言，本月不同风格的投资者情绪指数走势小幅下降，延续低迷态势（见图4-14）。

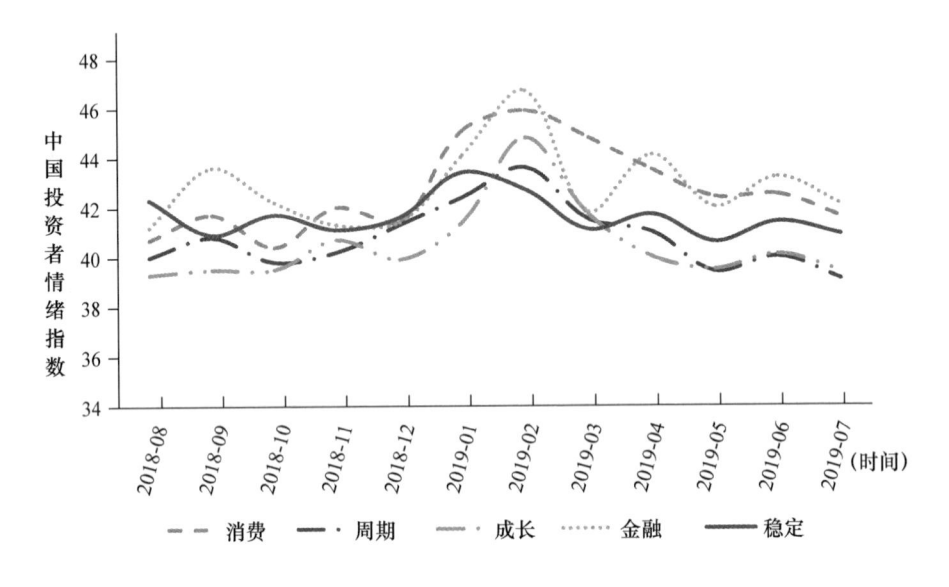

图4-14 中国投资者情绪风格子指数：2018-08—2019-07

3. 总结

本月投资者关注度指数延续了上月的跌势，但跌幅有所放缓。受美联储降息预期、宏观经济数据超预期表现等影响，股市有所反弹，但宏观经济下行压力仍然较大，中美经贸争端走向等不确定因素较多，以及科创板开板大量新股上市抽血效应显著，导致整个月份中投资者情绪指数也呈现震荡走势。从板块角度看，除创业板外，各大板块集体回调，创业板继续反弹。就行业而言，7月休闲服务、食品饮料、金融、汽车、家用电器投资者情绪指数表现最好。从风格来看，不同风格的投资者情绪指数较上月均有不同程度的下降。总体而言，经济数据超预期表现未能改变市场预期，宏观经济下行压力、不确定因素仍较大，导致投资者情绪指数较上月小幅下滑。

◇◇ 第三节　2019年8月中国投资者情绪指数

2019年8月：投资者关注度持平，情绪指数大幅下滑

- 2019年8月投资者关注度为178.1，与上月基本持平。
- 投资者情绪指数创新低为40.3，较上月下降3.4%。
- 创业板持续反弹，上证50和中小板继续回调。
- 休闲服务、食品饮料、医药生物、电子、公用事业的投资者情绪最为乐观。
- 消费和成长投资者情绪指数小幅上涨，其他风格指数不同程度下降。

1. 中国投资者情绪指数一级指数

（1）关注度指数

关注度指数反映了投资者的活跃程度，2019年8月投资者关注度指数为178.1，较2019年7月的178上升0.1，大致呈现持平走势。本月上证综指继续在2800—3000点窄幅震荡，市场活跃度下滑态势虽未从根本上出现扭转，但也存在反弹迹象（见图4-15）。

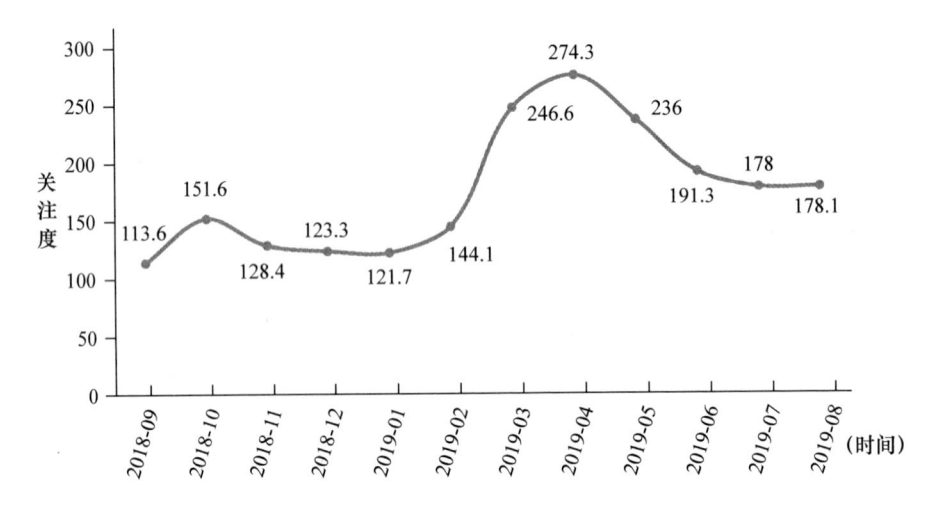

图4-15　投资者关注度指数：2018-09—2019-08

（2）情绪指数

2019年8月中国投资者情绪指数（CISI）为40.3。这一数值延续了2019年2月以来的下跌趋势，较上月继续下降了3.4%，也是过去12个月以来的最低值，投资者悲观氛围浓厚。

本月发生的重大事件包括：国际方面，本月美国总统特朗普宣布从10月1日起将2500亿美元中国输美商品加征关税税率从25%提高至30%，并计划对其余3000亿美元中国输美商品加征关税税率从原定的10%提高至15%，中美贸易紧张局势陡增。此外，全球经济下滑、英国无协议脱欧风险等加剧了投资者对未来不确定性的担忧，黄金等避险资产价格上涨；国内方面，8月5日在岸人民币"破七"。整体而言，国内诸多政策刺激经济发展，但中美贸易紧张局势影响深远。在此背景下，股市延续跌势，投资者情绪较上月大幅下降（见图4-16）。

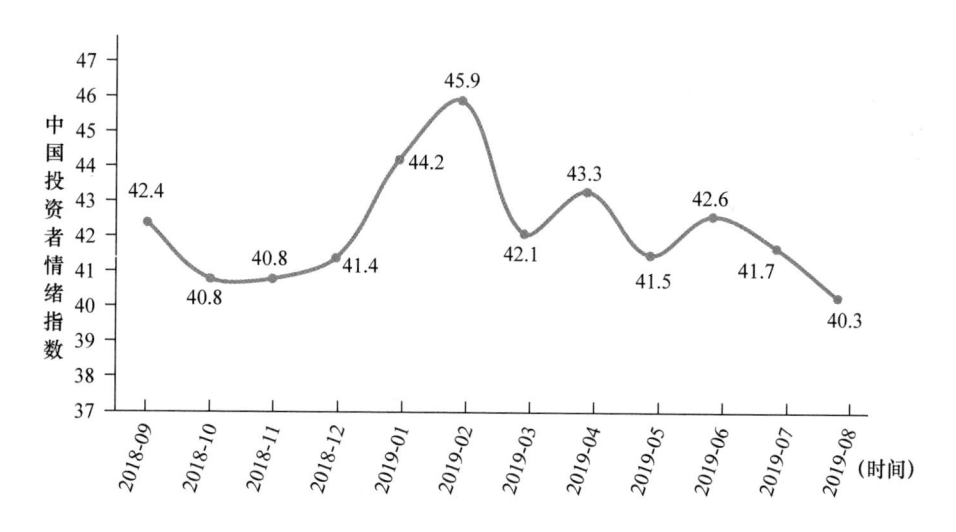

图4-16 中国投资者情绪月度指数：2018-09—2019-08

就日度投资者情绪指数看，本月投资者情绪最低值为37.9，最高值为44.9，月初走势较为平稳，月末振幅较大，整体呈震荡向上走势，跟上证综指走势保持大致一样（见图4-17）。

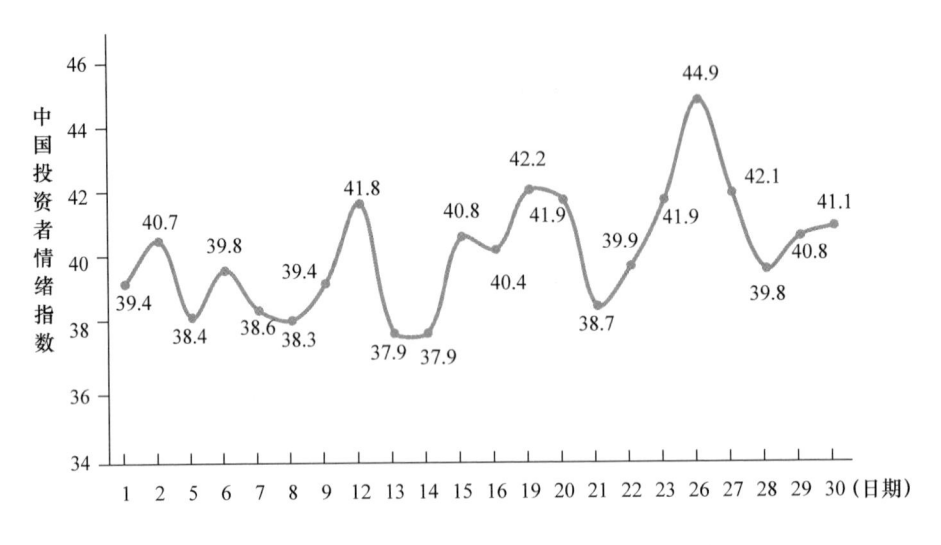

图 4-17 2019 年 8 月中国投资者情绪日度指数

为了对比市值大小与情绪指数之间的关系，我们将沪深 300 指数的成分股按照市值大小分为 10 等份，分别计算最大市值组股票和最小市值组股票的情绪指数，并给出最大市值组股票和最小市值组股票的情绪指数走势（见图 4-18）。2019 年 8 月初，最小市值组股权票投资者情绪指数一路从 37.7 下滑至 33.2，呈现出年度最为悲观的情绪状态。相比之下，最大市值组股票投资者情绪明显好于最小市值组。到了月末，最小市值组股票投资者情绪得以改善，情绪指数值和最大市值组大体相当。但总体来看，最小市值组股票情绪指数值依然处于最大市值组股票下方，反映了蓝筹股的投资者情绪比小市值股票更乐观，市场避险氛围浓厚。

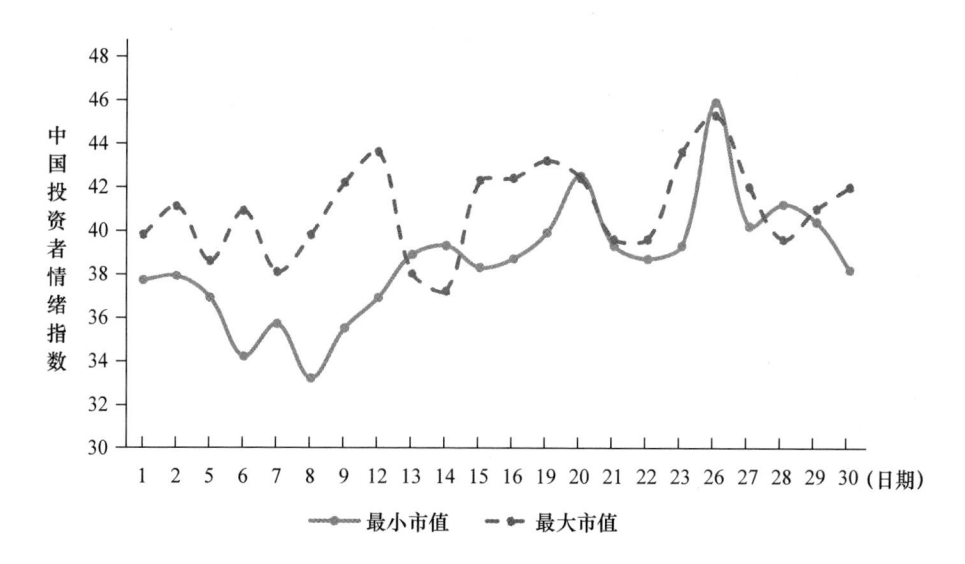

图 4-18 2019 年 8 月不同市值中国投资者情绪日度指数

2. 中国投资者情绪指数二级指数

（1）投资者板块情绪子指数

创业板持续反弹，上证 50 和中小板继续回调。

2019 年 8 月，创业板投资者情绪指数为 44.2，较上月上升了 1.1%，上升明显，也是本月唯一上升的板块；上证 50 本月跌幅最大，为 39.9，较上月下跌 5%；中小板其次，为 40.8，较上月下跌 1.4%；中证 500 投资者情绪指数跟上月保持一致，为 39.3（见图 4-19）。

各大板块单日情绪指数显示，本月各大板块情绪指数整月表现出震荡走势，创业板投资者情绪指数走势明显高于其他板块，表现突出，中证 500 低于其他板块。本月各个板块投资者情绪指数大致在 35—48 震荡，振幅区间较大，但趋势相对平稳，未出现明显上升或者下降的单边走势（见图 4-20）。

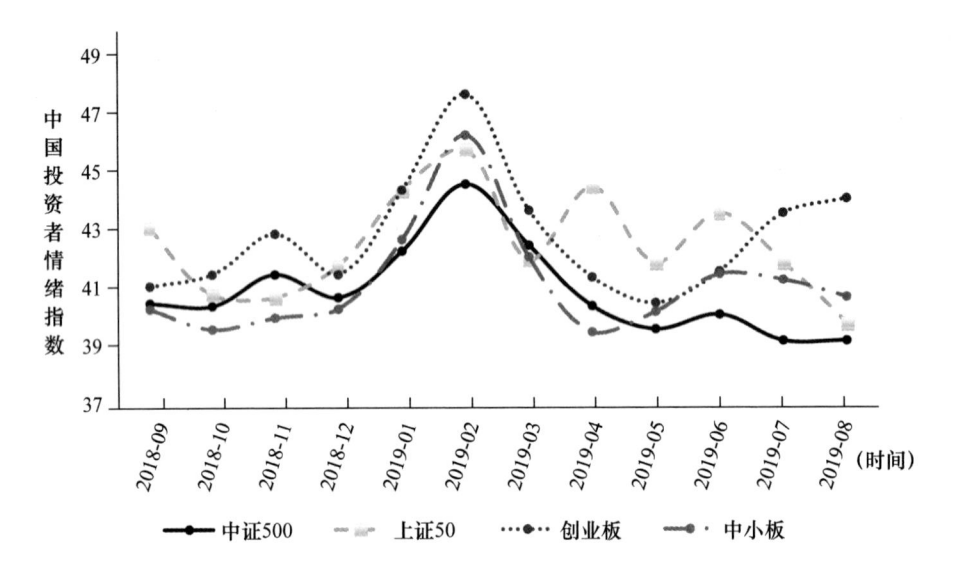

图 4-19　投资者情绪板块子指数：2018-09—2019-08

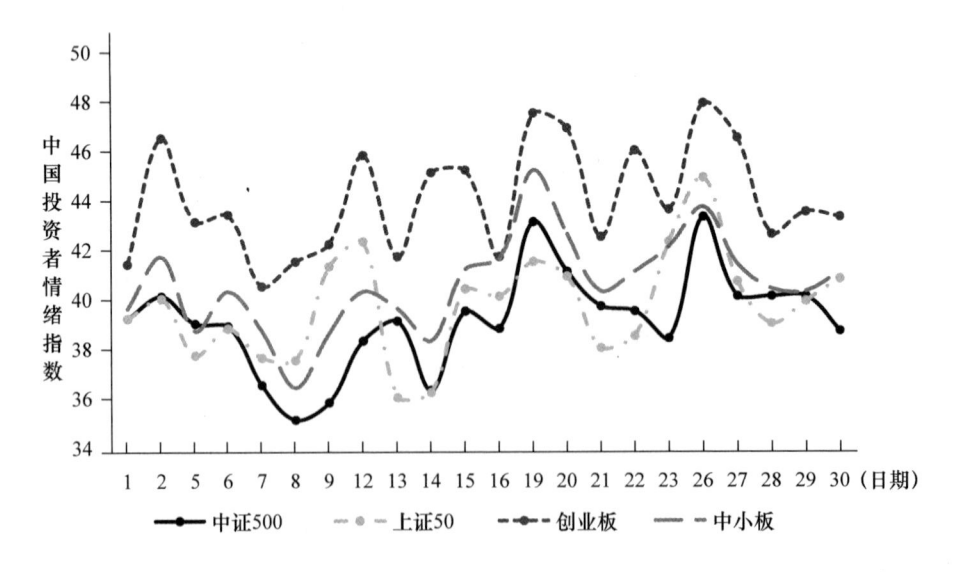

图 4-20　2019 年 8 月中国投资者情绪指数单日表现（分板块）

(2) 行业投资者情绪子指数

8月休闲服务、食品饮料、医药生物、电子、公用事业向好。

从月度行业情绪看,2019年8月投资者情绪最为乐观的五大行业分别是休闲服务(44.2)、食品饮料(44.3)、医药生物(42.2)、电子(41.7)、公用事业(41.5);最为悲观的五大行业分别是机械设备(38)、纺织服装(37.9)、国防军工(37.7)、钢铁(35.9)、建筑装饰(33.5)。值得注意的是建筑装饰行业投资者情绪较上月的38.7有较大幅度下跌。金融行业的投资者情绪也从上月的第3位跌至本月的第20位。与上月相比,情绪排名升幅最大的五大行业分别是采掘、综合、医药生物、有色金属、商业贸易(见图4-21)。

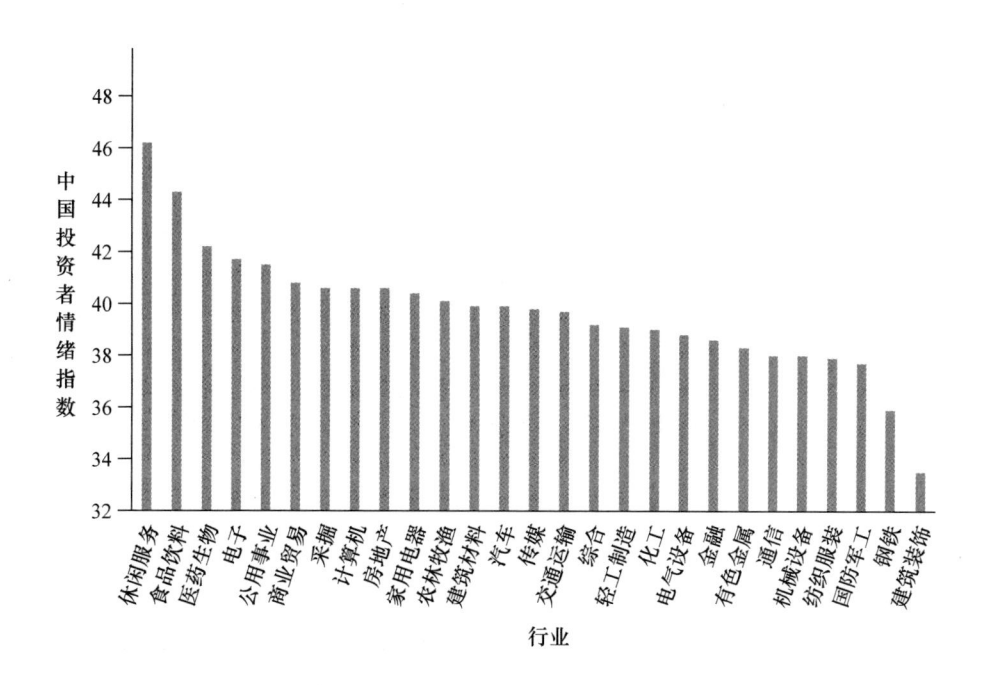

图4-21 2019年8月中国投资者情绪行业子指数平均排名

(3) 不同风格投资者情绪子指数

消费和成长投资者情绪指数小幅上涨,其他风格指数不同程度下降。

2019年8月,投资者情绪指数按风格排序分别是消费(42.5)、成长(40)、周期(39.2)、金融(38.9)、稳定(38.6)。消费和成长投资者情绪指数较上月小幅上涨,其他风格的投资者情绪指数较上月不同程度下降。作为市场行情风向标之一的金融风格投资者情绪指数也较上月下滑明显。整体而言,本月不同风格的投资者情绪指数延续低迷态势(见图4-22)。

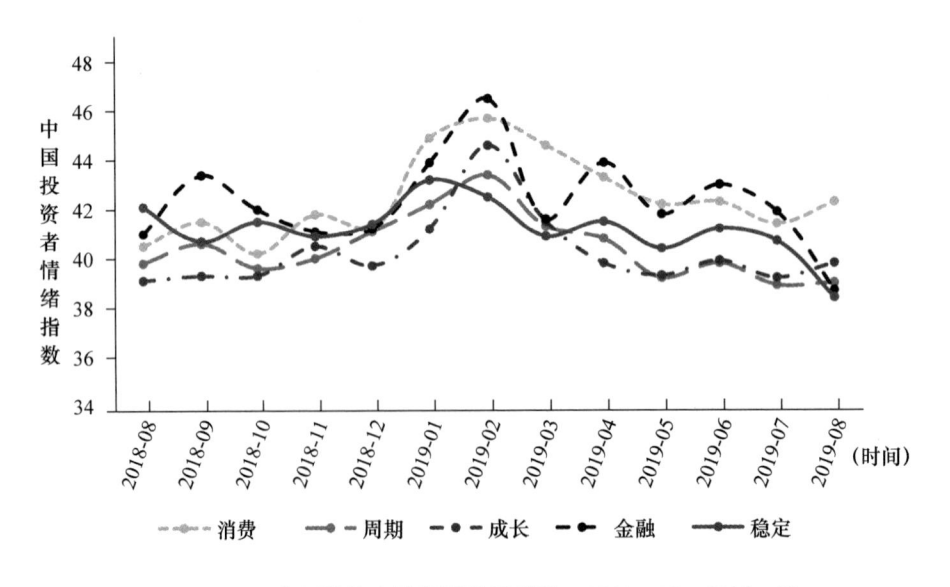

图4-22 中国投资者情绪风格子指数:2018-08—2019-08

3. 总结

本月投资者关注度指数在上月探底后本月微幅上升,有回暖迹象。从投资者情绪来看，受中美贸易摩擦、全球经济下滑等因素影响，本月投资者情绪指数持续上月跌势，录得年度最低值。从板块角度来看，创业板延续上月反弹走势，中证500投资者情绪指数跟上月保持一致，上证50和中小板继续回调。就行业而言，8月休闲服务、食品饮料、医药生物、电子、公用事业等行业的投资者情绪指数表现最好。从风格来看，消费和成长投资者情绪指数小幅上涨，其他风格的情绪指数不同程度下降。总体来看，在经济不确定性增加、宏观经济下行压力、中美贸易摩擦等国内外背景下，投资者情绪呈现低迷状态，但不同板块与行业投资者情绪状态也存在分化。其中创业板继续反弹、休闲娱乐等行业投资者情绪较高；但机械设备、纺织服装、国防军工、钢铁、建筑装饰等行业投资者情绪悲观反映出的投资者对宏观经济形势的判断，值得进一步关注。

◇◇ 第四节 2019年9月中国投资者情绪指数

2019年9月：迎新中国七十周年纪念，情绪指数强势反弹

- 2019年9月投资者关注度为177.6，与上月基本持平。
- 投资者情绪指数42.4，较上月上升5.2%。
- 上证50、中证500和中小板触底反弹，创业板小幅回调。
- 休闲服务、食品饮料、采掘、电子、房地产的投资者情绪最为乐观，金融业投资者情绪上升幅度大。

> • 成长、金融、周期、稳定风格的投资者情绪指数较上月上升明显，微幅上涨。

1. 中国投资者情绪指数一级指数

（1）关注度指数

关注度指数反映了投资者的活跃程度，2019年9月投资者关注度指数为177.6，较2019年8月的178.1略微下降了0.5，大致呈现持平走势。本月上证综指在2700—3000点呈现上升走势，但市场活跃度下滑态势未从根本上出现扭转（见图4-23）。

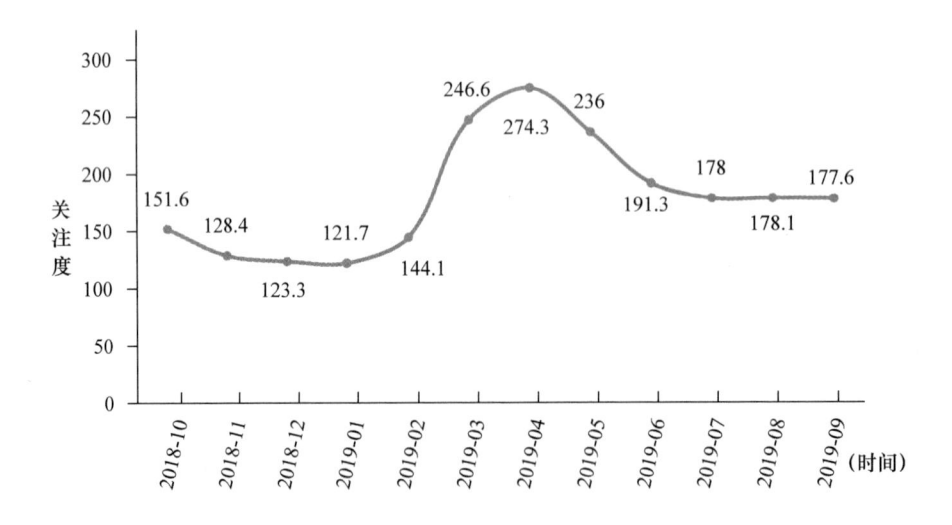

图4-23 投资者关注度指数：2018-10—2019-09

（2）情绪指数

2019年9月中国投资者情绪指数（CISI）为42.4。这一数值较上月上升了5.2%,继上月创新低后录得较大幅度的反弹,投资者情绪有所回暖。

本月发生的重大事件包括:国际方面,全球主要石油生产国沙特阿拉伯的两处主要石油设施遭无人机攻击引发大火,国际原油价格暴涨,加大了投资者对地缘政治升级的担忧;同时中美贸易紧张局势有所缓和、美联储进一步降息和英国硬脱欧风险有所下降,全球主要地区股市均有上涨。国内方面,中国人民银行宣布自9月16日起全面下调金融机构存款准备金率0.5个百分点,将释放长期资金约9000亿元;1099只A股纳入标普新兴市场指数,中国资本市场进一步扩大开放;中华人民共和国成立70周年纪念临近也增加了投资者的投资信心。整体而言,中美贸易问题得到缓解,国内诸多政策刺激经济发展,节前乐观情绪高涨。在此背景下,股市一改颓势,大幅反弹,投资者情绪较上月大幅上升(见图4-24)。

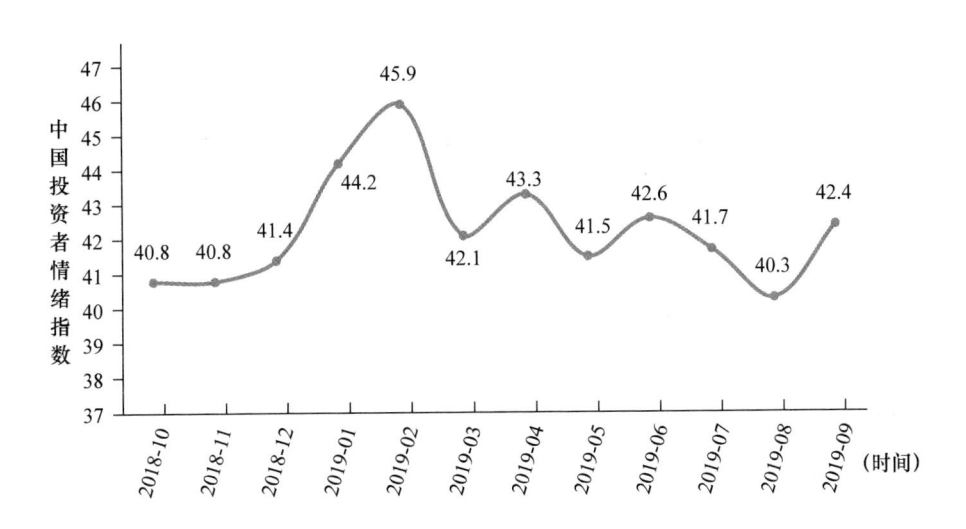

图4-24 投资者情绪月度指数:2018-10—2019-09

就日度投资者情绪指数来看,本月投资者情绪最低值为38.7,最高值为47,而上月最低值为37.9,最高值为44.9,故整体而言投资者情绪较上月均有好转。此外临近国庆,投资者情绪也呈现上扬走势(见图4-25)。

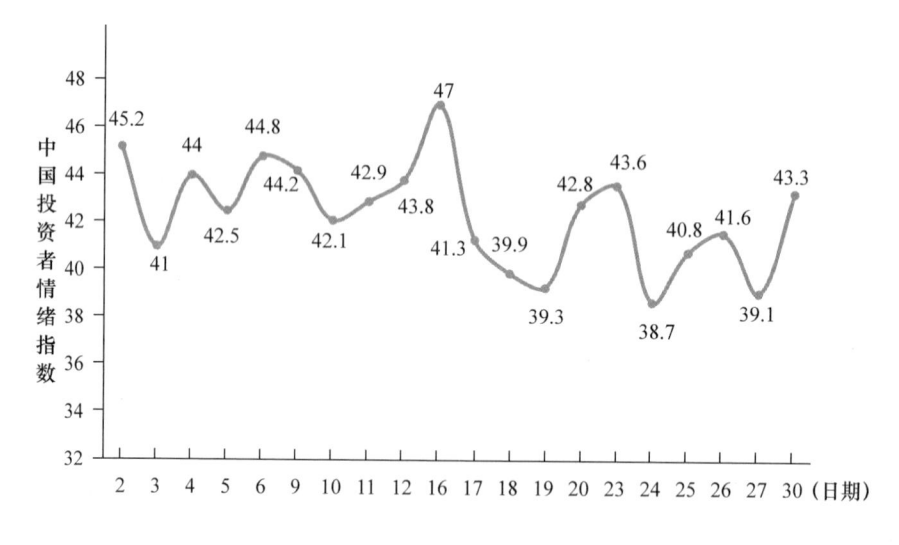

图4-25 2019年9月中国投资者情绪日度指数

图4-26比较了最大市值组股票和最小市值组股票的情绪指数走势,这里最大和最小市值组分别指将沪深300指数的成分股按照市值大小分为10等份后最大的一份和最小的一份。和上月相比,2019年9月最小市值组投资情绪有显著抬升。8月初最小市值组投资者情绪指数一度从37.7下滑至33.2,而本月最小市值组股票投资者情绪仅有两个交易日投资者情绪指数值略低于37.7,其余投资者情绪指数值大部分在40以上。本月最大市值组代表的"蓝筹股"的投资者情绪与最小市值组股票的投资者情绪多次出现交叉,反映

出市场对小市值股票在本月更为乐观。

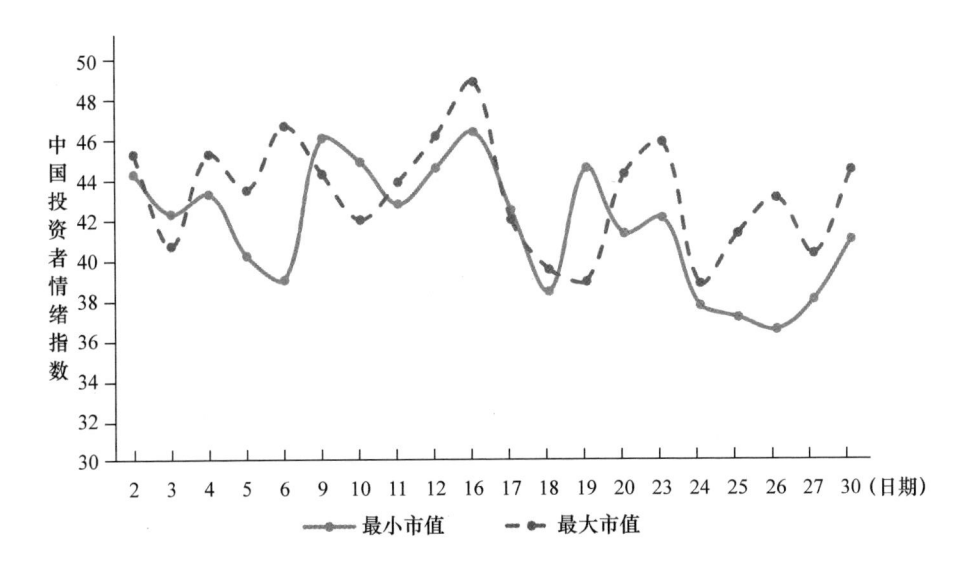

图 4-26　2019 年 9 月不同市值中国投资者情绪日度指数

2. 中国投资者情绪指数二级指数

（1）投资者板块情绪子指数

上证 50、中证 500 和中小板触底反弹，创业板小幅回调。

2019 年 9 月，上证 50 投资者情绪指数为 43，较上月大幅上升了 7.8%，为本月上升幅度最大的板块；中证 500 投资者情绪指数为 40.8，较上月上升了 3.8%；中小板投资者情绪指数为 41，较上月上升了 0.5%；创业板投资者情绪指数为 43.5，较上月小幅下跌了 1.6%，为本月唯一下跌的板块，但仍然是投资者情绪指数最高的板块（见图 4-27）。

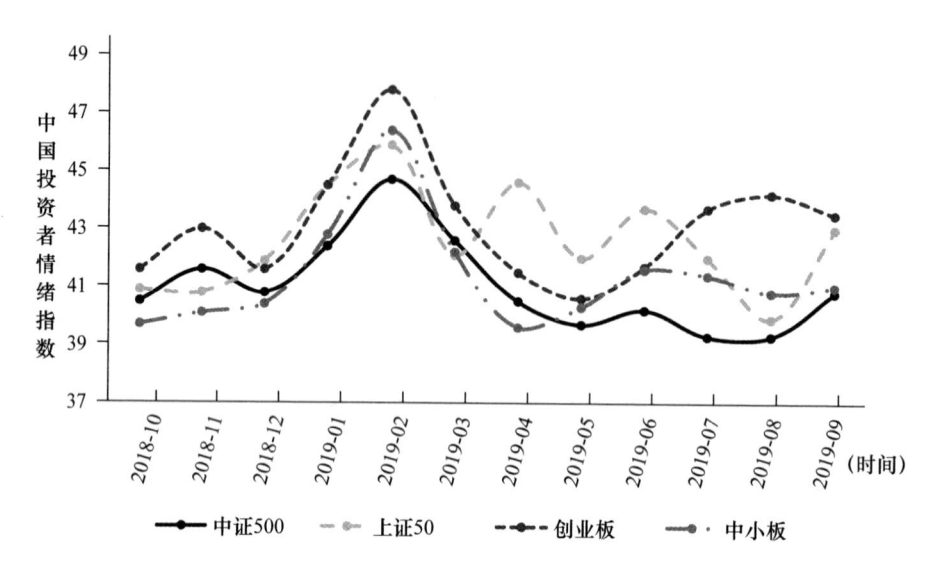

图4-27 投资者情绪板块子指数：2018-10—2019-09

各大板块单日情绪指数显示，本月各大板块情绪指数整月表现出震荡走势，上证50投资者情绪指数波动明显，创业板投资者情绪指数整体较高，中证500低于其他板块。本月各个板块投资者情绪指数大致在37—48震荡，振幅区间较大，但趋势相对平稳，未出现明显上升或者下降的单边走势（见图4-28）。

（2）行业投资者情绪子指数

9月休闲服务、食品饮料、采掘、电子、房地产向好。

从月度行业情绪看，2019年9月投资者情绪最为乐观的五大行业分别是休闲服务（45.5）、食品饮料（44.8）、采掘（44.4）、电子（43.1）、房地产（42.3）；最为悲观的五大行业分别是钢铁（39.4）、农林牧渔（39.4）、有色金属（38.9）、纺织服装（38.2）、建筑装饰（37.5）。值得注意的是素有行情走势风向标的

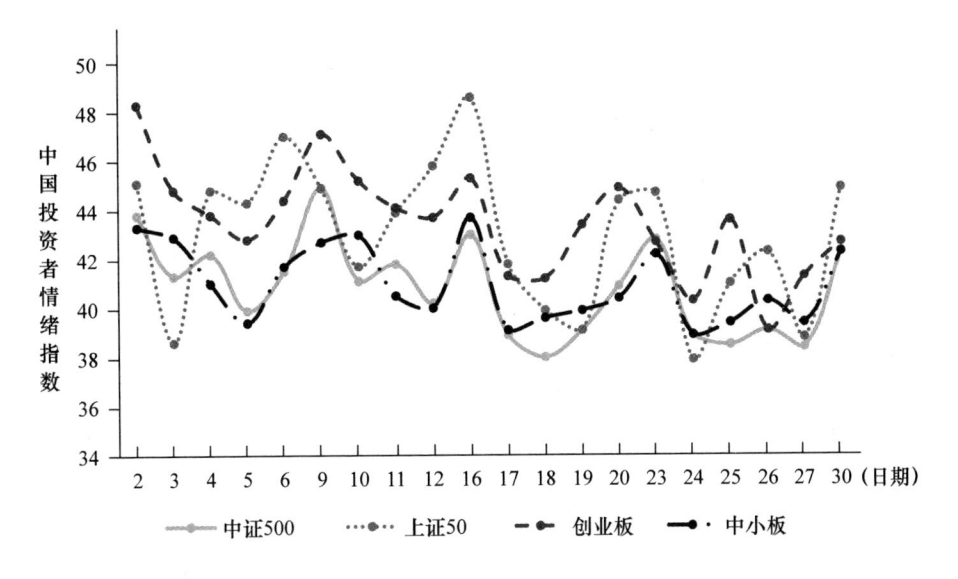

图 4-28 2019 年 9 月中国投资者情绪指数单日表现（分板块）

金融业的投资者情绪也从上月的第 20 位大幅上升至本月的第 12 位，上升幅度最大。与上月相比，情绪排名升幅最大的五大行业分别是金融、机械设备、通信、传媒、国防军工（见图 4-29）。

（3）不同风格投资者情绪子指数

成长、金融、周期、稳定风格的投资者情绪指数较上月上升明显，微幅上涨。

2019 年 9 月，投资者情绪指数按风格排序分别是消费（42.9）、金融（41.6）、成长（41.5）、周期（41.5）、稳定（40.2）。成长、金融、周期、稳定风格股票的投资者情绪指数较上月上升明显，消费风格股票的投资者情绪指数较上月小幅上涨。整体而言，本月不同风格的投资者情绪指数扭转上月低迷态势，整体呈多头走势（见图 4-30）。

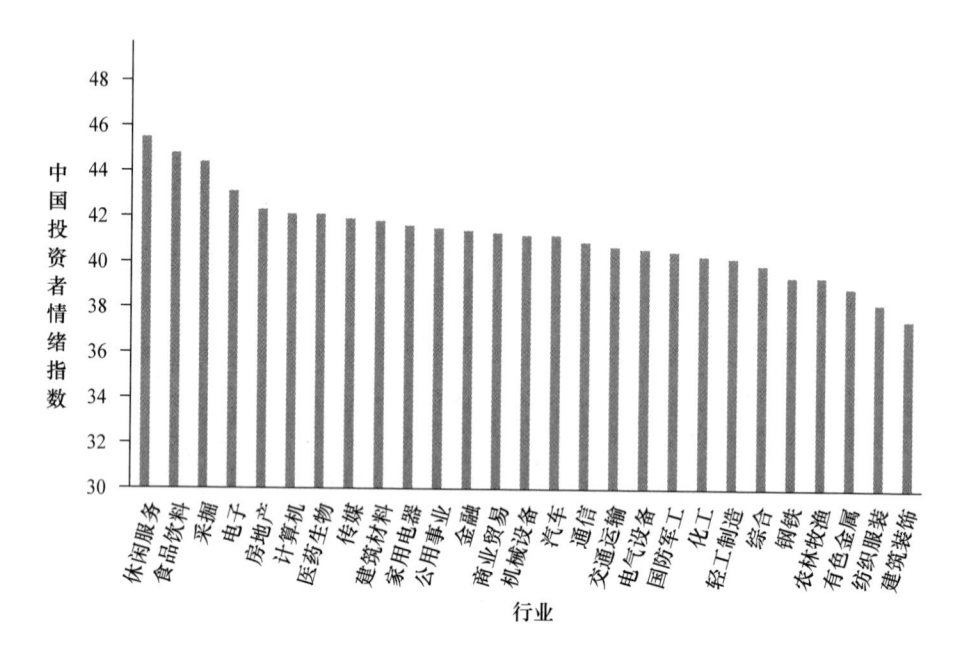

图 4-29　2019 年 9 月中国投资者情绪行业子指数平均排名

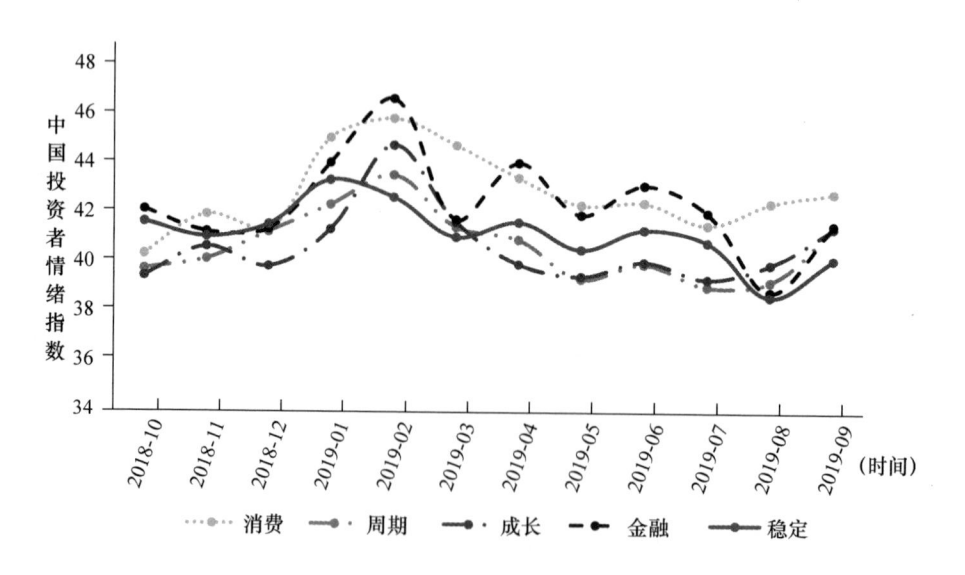

图 4-30　中国投资者情绪风格子指数：2018-10—2019-09

3. 总结

受中美贸易问题缓和、央行降准、新中国成立70周年纪念等多重因素影响，本月虽然投资者关注度指数持平，但投资者情绪指数强势反弹。从板块角度来看，上证50较上月大幅反弹，中证500和中小板较上月不同程度的反弹，创业板小幅回调。就行业而言，9月休闲服务、食品饮料、采掘、电子、房地产等行业的投资者情绪指数表现最好。从风格来看，成长、金融、周期、稳定风格的投资者情绪指数较上月上升明显，其中金融业投资者情绪升幅最大。

总体来看，虽然国际局势动荡增加了地缘政治风险，但在中美贸易问题缓和，以及国内央行降准、新中国成立70周年大庆等背景下，投资者情绪走出反弹行情。当然，不同板块与行业投资者情绪状态也存在分化，其中金融板块、休闲娱乐等行业投资者情绪较高；但钢铁、农林牧渔、有色金融、纺织服装、建筑装饰等行业投资者情绪悲观。这其中反映出的投资者对宏观经济形势的判断，值得进一步关注。

第 五 章

2019年第四季度中国投资者情绪指数

◇◇ 第一节　2019年第四季度投资者情绪简述

1. 2019年第四季度投资者情绪简介

本节我们总结2019年第四季度（10—12月）情绪指数基本特征，并在后面各小节分别介绍每月详细投资者情绪发展和变化情况。总体来看，中美贸易磋商本季度取得实质性进展等因素影响下，投资者情绪指数回升。具体表现为，第一，在过去4年中处于较高位置，在过去12年中处于中等位置；第二，跟过去5个季度相比，无论是情绪指数水平和关注度，还是分行业、分风格的投资者情绪指数整体相对较高。我们从六个角度来刻画第四季度投资者情绪的基本情况。

第一，本季度是新中国成立70周年。加上中美贸易取得实质性进展等利好政策的影响，在2019年第四季度中国投资者情绪指数整体走高。整体而言，第四季度投资者情绪指数从长期来看和短期来看均处于相对较高的位置。

第二，在过去一年中，关注度指数在 2019 年第四季度小幅上扬，并在 12 月达到了近期的高点 215.6，为半年内最高（见图 5-1）。中国投资者情绪指数在 2019 年第四季度 3 个月呈现震荡上行走势，并在 12 月达到近期高点。究其原因，主要是中美贸易谈判取得实质性进展，导致全球不确定性因素降低，投资者对未来投资信心提升。

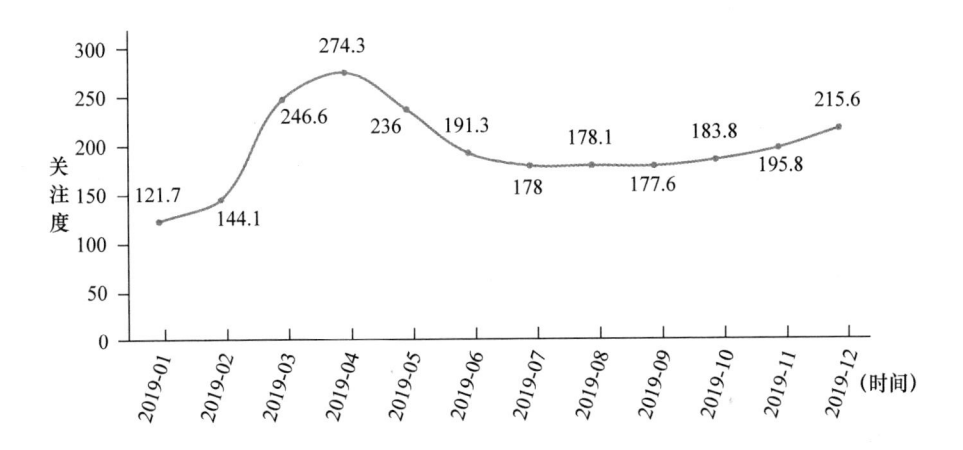

图 5-1 投资者关注度：2019-01—2019-12

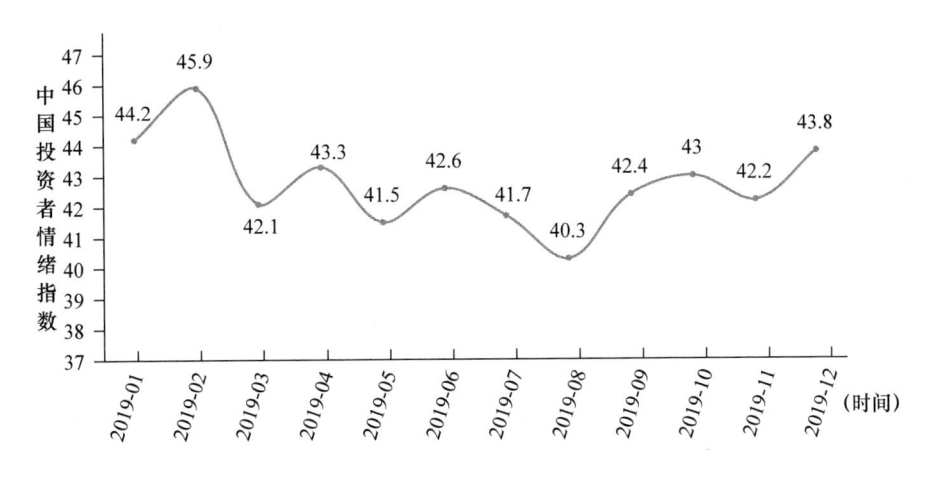

图 5-2 投资者情绪：2019-01—2019-12

第三，在中美贸易取得实质性进展以及国内利好政策的影响下，股市在第四季度出现震荡上行走势，中国投资者情绪指数也呈现相应的走势，但在不同的行业存在明显的差异。其中休闲服务、食品饮料、建筑材料、家用电器、金融等行业表现最好，投资者情绪最高，而国防军工、有色金属、纺织服装、通信、建筑装饰这5个行业则表现最差，投资者情绪表现低迷（见图5-3）。

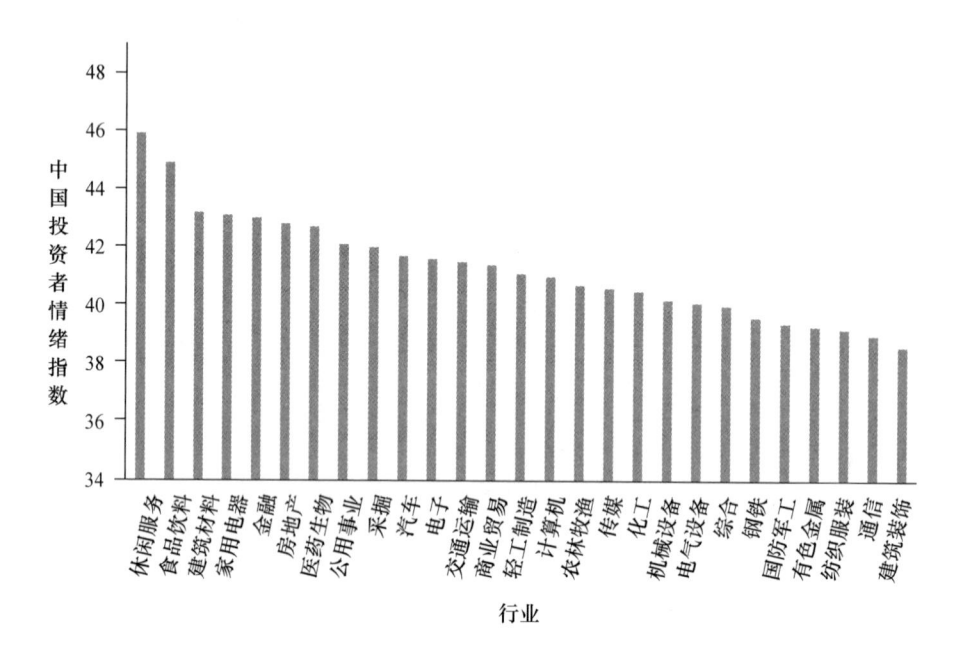

图5-3　2019年第四季度分行业平均情绪

第四，除了投资者情绪的水平值之外，我们进一步考察情绪的波动情况。图5-4将2019年第四季度的投资者情绪按照平均情绪水平和方差分为四个象限。其中，左上象限是情绪水平高、波动低，表明投资者持续乐观；右上象限是情绪水平高、波动高，反映一个月内对该行业不同投资者虽然总体看好但不一致程度也较高；左下象限是情绪低、波动低，说明投资者当月对该行业较悲观；而右下象限则是情绪低、波动高，说明在悲观的基调下也有乐观的要素。总体来看，本季度投资者对休闲服务、建筑材料、金融等行业持续乐观，对建筑装饰、国防军工等行业情绪水平相对低；公共事业、房地产情绪总体水平高但是波动大；而纺织服装等行业投资者情绪偏悲观且情绪波动也比较大。

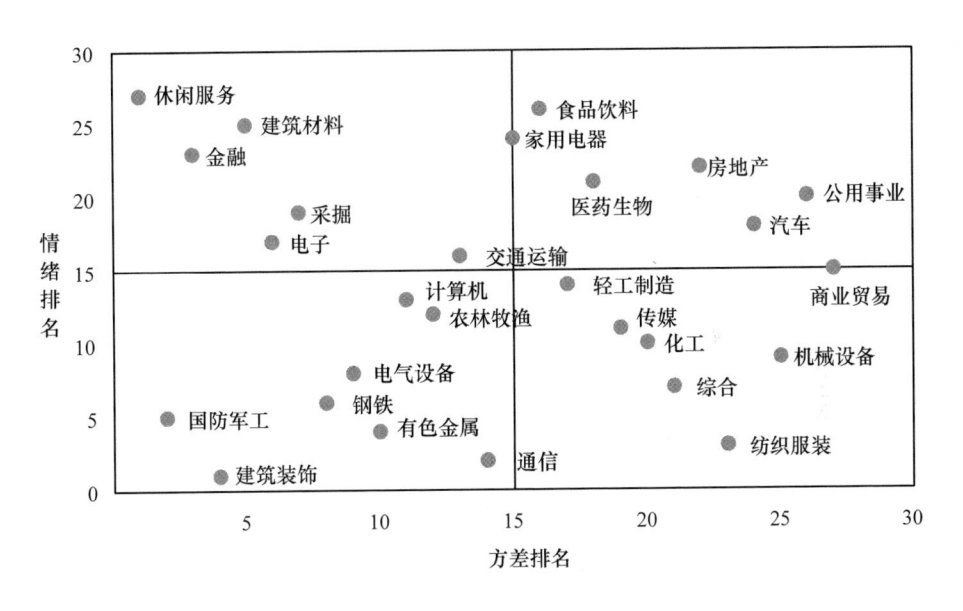

图 5-4 2019 年第四季度分行业情绪水平与波动程度

第五，从分板块的投资者情绪来看，图 5-5 显示，2019 年第四季度上证 50 和创业板的投资者情绪指数最高，中小板其次，中证 500 的投资者情绪指数最低；与 2018 年同期相比，创业板、上证 50、中小板的投资者情绪指数整体高于 2018 年同期，且各个板块情绪均高于上个季度。

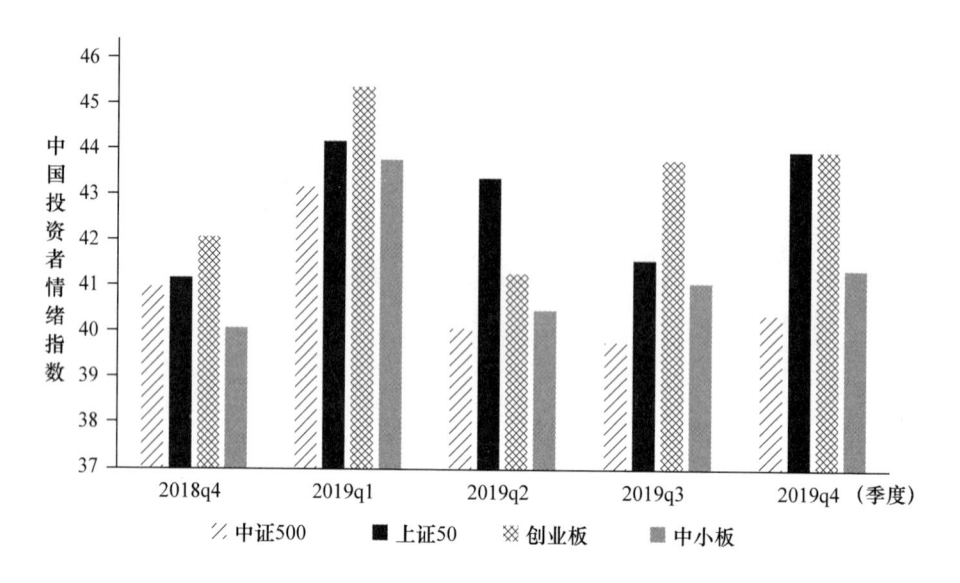

图 5-5 分板块的投资者情绪：2018 年第四季度至 2019 年第四季度

第六，从不同的风格投资者情绪来看，图 5-6 显示，2019 年第四季度的金融风格投资者情绪指数最高，消费投资情绪指数其次，成长风格投资者情绪指数最低；与 2018 年同期相比，消费、周期、成长、金融和稳定风格的投资者情绪指数显著高于 2018 年同期，也显著高于 2019 年第三季度。

2. 总结

2019 年第四季度是不平凡的季度。10 月 1 日中华人民共和国成立 70 周年纪念日活动在北京隆重举行；中美经贸磋商取得实质性进展，双方同意若达成"第一阶段"贸易协议，将分阶段取消在长达

第五章 2019年第四季度中国投资者情绪指数 **117**

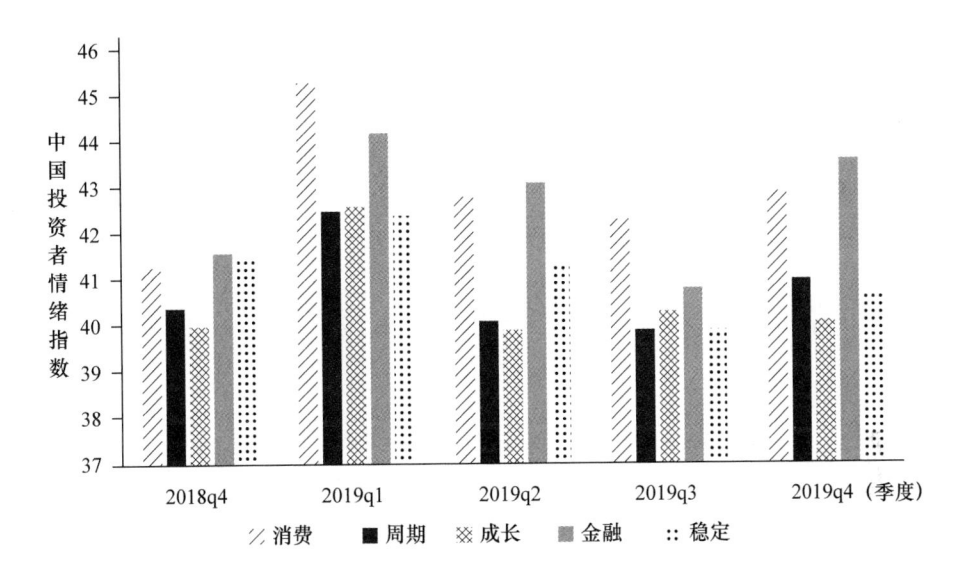

图 5-6 分风格的投资者情绪：2018年第四季度至2019年第四季度

16个月的贸易对峙中对彼此商品加征的关税，并于次月中美已就第一阶段经贸协议文本达成一致。中央经济工作会议也于12月末召开，会议分析了当前经济形势，部署了2020年的经济工作。国际方面，美联储下调联邦基金利率25个基点至1.5%—1.75%，英国大选保守党胜利等。一系列利好的推动下，本季度股市迎来了一波短暂的反弹，中国投资者情绪指数整体走高，相应的关注度指数在2019年第四季度小幅上扬，并在12月达到了近期的高点215.6。行业方面，休闲服务、食品饮料、建筑材料、家用电器、金融等行业表现最好，投资者情绪最高；而国防军工、有色金属、纺织服装、通信、建筑装饰这5个行业则表现最差，投资者情绪表现低迷。从板块来看，上证50和创业板的投资者情绪指数最高，中小板其次，中证500的投资者情绪指数最低。从风格来看，第四季度的金融风格投资者情绪指数最高，消费投资情绪指数其次，成长风格投资者情绪指数最低。

◇◇ 第二节　2019年10月中国投资者情绪指数

> **2019年10月：投资者关注度持平，情绪指数小幅反弹**
>
> • 2019年10月投资者关注度为183.8，与上月基本保持一致。
>
> • 10月投资者情绪指数为43，较上月上升1.4%。
>
> • 房地产、金融、食品饮料、建筑材料、家用电器行业的投资者情绪向好。
>
> • 休闲服务、食品饮料、采掘、电子、房地产行业的投资者情绪最为乐观。
>
> • 金融、消费行业的投资者情绪指数小幅上升，成长、周期、稳定风格的投资者情绪小幅下跌。

1. 中国投资者情绪指数一级指数

（1）关注度指数

关注度指数反映了投资者的活跃程度。2019年10月投资者关注度指数为183.8，较2019年8月的177.6略微上升了3.5%，大致呈现持平走势。本月上证综指在2900—3100点呈现窄幅震荡走势，市场活跃度较平稳（见图5-7）。

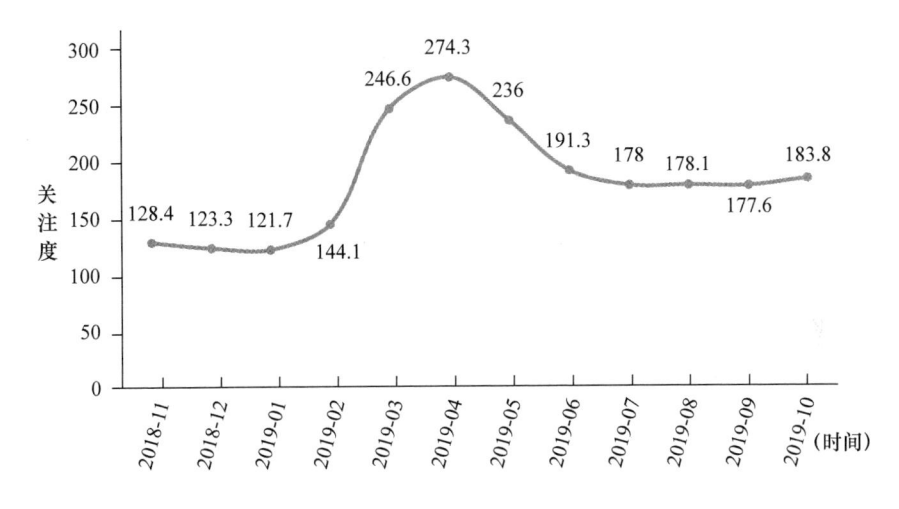

图5-7 投资者关注度指数：2018-11—2019-10

（2）情绪指数

2019年10月中国投资者情绪指数（CISI）为43。这一数值较上月小幅上升（1.4%），延续上月反弹，投资者情绪有所改善。

本月发生的重大事件包括：国际方面，中美经贸磋商取得实质性进展，英国与欧盟谈判也取得进展，全球主要国家或地区股市均有不同程度上涨；美联储下调联邦基金利率25个基点至1.5%—1.75%，一定程度上提振了股市信心。国内方面，本月公布的上月CPI同比上涨3%，高于预期，通胀预期升温，引发了投资者对经济滞胀的担忧。整体而言，中美贸易问题得到缓解，投资者情绪得到一定的提振，但不可忽略的是，虽然中美经贸磋商取得重要阶段性进展，市场对全球经济前景的担忧和英国脱欧进程曲折，以及国内投资者对经济滞胀的担忧一定程度上影响了情绪走势。在此背景下,股市较上月小幅上涨,整月呈现震荡走势,投资者情绪较上月小幅上升(见图5-8)。

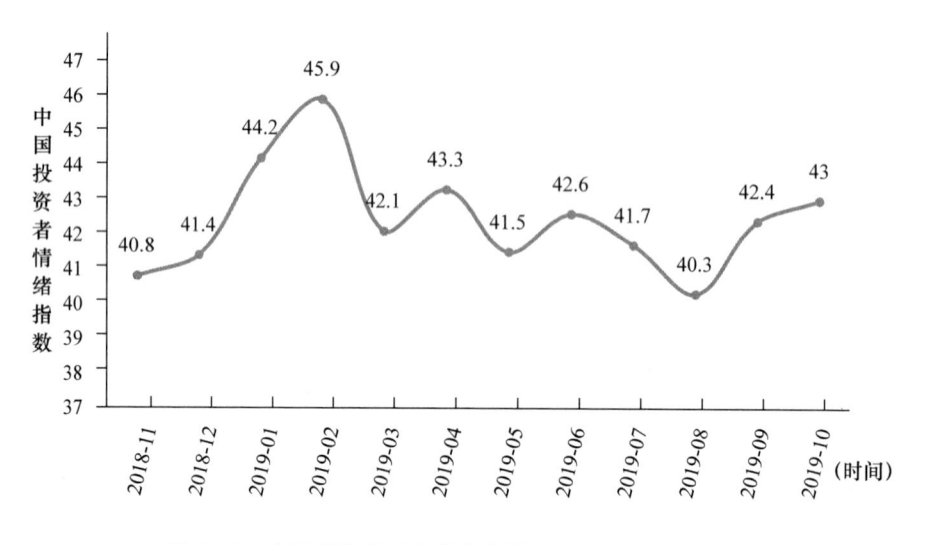

图5-8 中国投资者情绪月度指数:2018-11—2019-10

就日度投资者情绪指数来看,本月投资者情绪指数最低值为39.3,最高值为47,月初和月末振幅较大,整体呈现窄幅震荡走势,未见明显分歧走势(见图5-9)。

进一步将沪深300指数的成分股按照市值大小分为10等份,我们分别计算最大市值组股票和最小市值组股票的情绪指数,并给出最大市值组股票和最小市值组股票的情绪指数走势(见图5-10)。2019年10月,最小市值组投资者情绪和最大市值组投资者情绪均呈现窄幅震荡走势,在大部分交易日两组走势大致相当。虽然最小

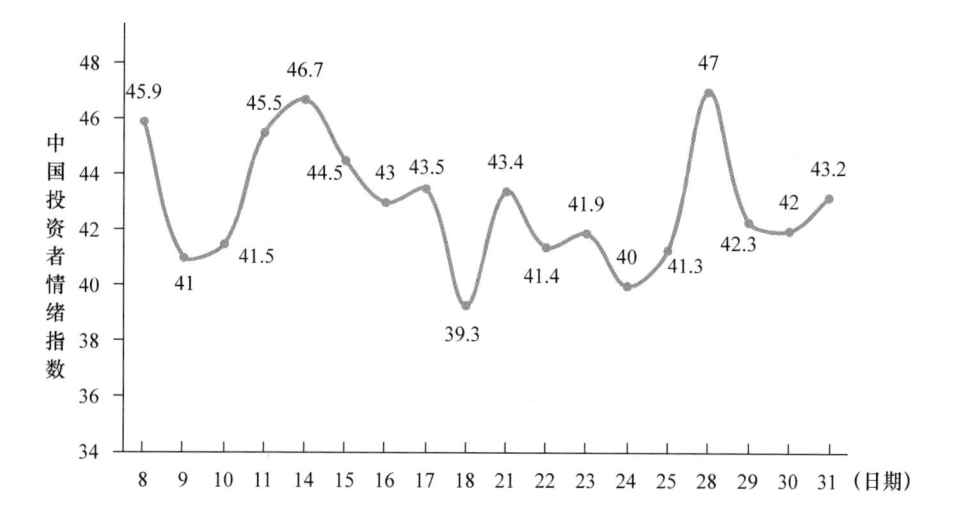

第五章 2019年第四季度中国投资者情绪指数 | **121**

图 5-9 2019 年 10 月中国投资者情绪日度指数

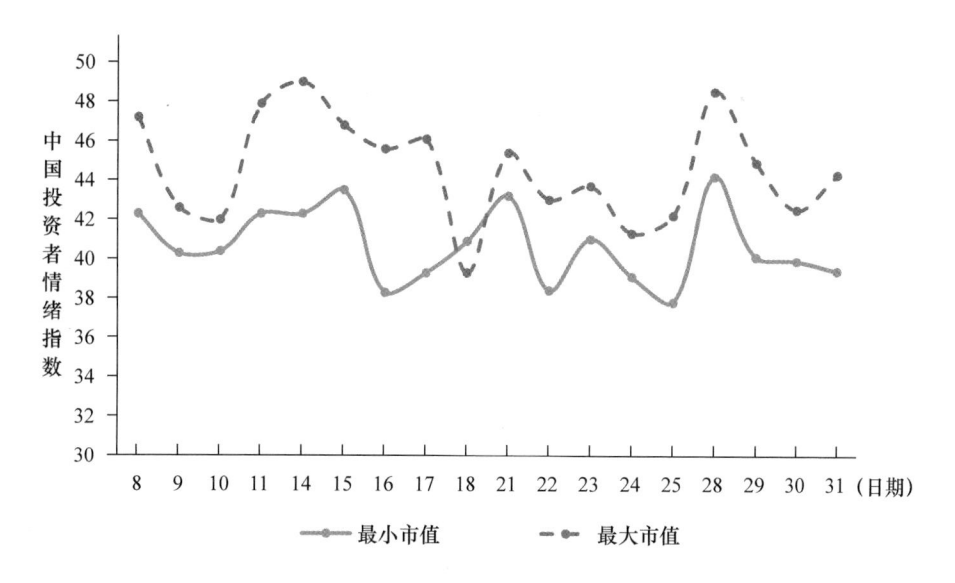

图 5-10 2019 年 10 月不同市值中国投资者情绪日度指数

市值组股票情绪指数值依然处于最大市值组股票下方,即蓝筹股的投资者情绪比小市值股票更乐观,但总体来看小市值股票与蓝筹股的投资者情绪差异在缩小。

2. 中国投资者情绪指数二级指数

(1) 投资者板块情绪子指数

创业板、上证 50 和中小板小幅反弹,中证 500 小幅回调。

2019 年 10 月,创业板投资者情绪指数为 44.7,较上月上升了 2.8%,为本月上升幅度最大的板块;中小板投资者情绪指数为 42,较上月上升了 2.4%;上证 50 投资者情绪指数为 43.9,较上月上升了 2%;中证 500 投资者情绪指数为 40.1,较上月小幅下跌了 1.7%,为本月唯一下跌的板块(见图 5-11)。

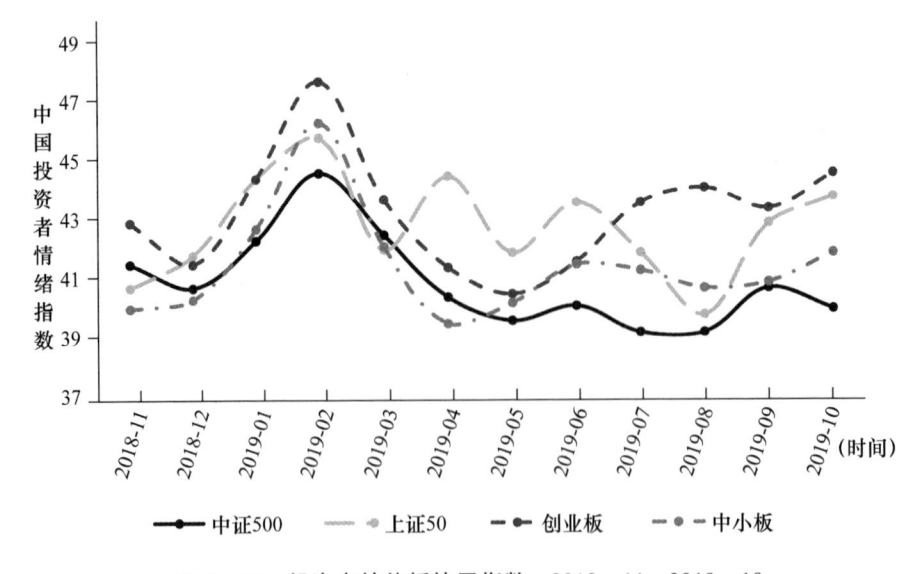

图 5-11 投资者情绪板块子指数:2018-11—2019-10

各大板块单日情绪指数显示，本月各大板块情绪指数整月表现出震荡走势，上证50投资者情绪指数波动明显，创业板投资者情绪指数整体较高，中证500低于其他板块。本月各个板块投资者情绪指数在37—49震荡，振幅区间较大，但趋势相对平稳，未出现明显上升或者下降的单边走势（见图5-12）。

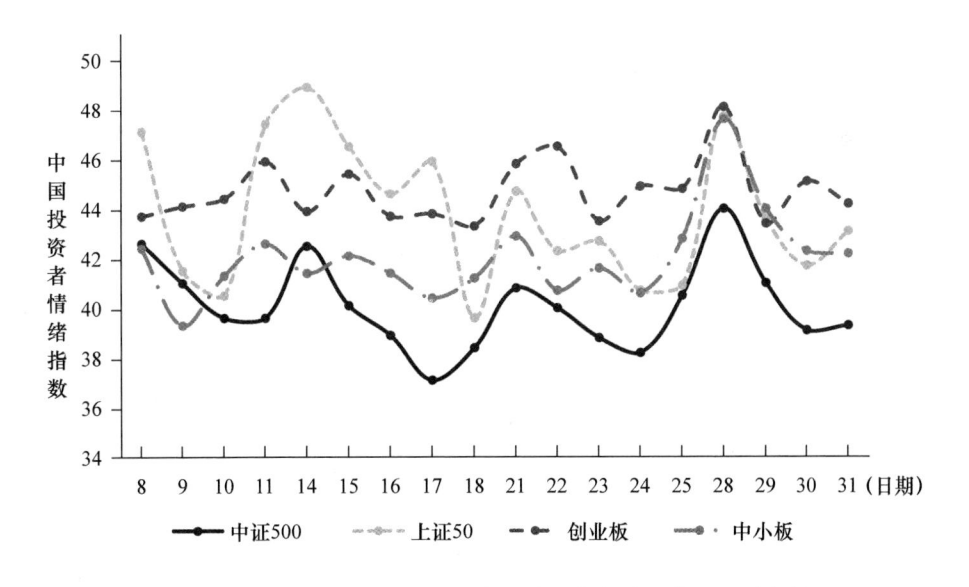

图5-12 2019年10月中国投资者情绪指数单日表现（分板块）

（2）行业投资者情绪子指数

10月房地产、金融、食品饮料、建筑材料、家用电器向好。

从月度行业投资者情绪来看，2019年10月情绪最为乐观的五大行业分别是房地产（44.7）、金融（44.1）、食品饮料（43.9）、建筑材料（43.8）、家用电器（43.7）；最为悲观的五大行业分别是通信（38.6）、电气设备（38.5）、建筑装饰（37.7）、有色金属

(37.3)、国防军工(35.7)。值得注意的是金融行业的投资者情绪也从上月的第12位大幅上升至本月的第2位,上升幅度较大。与上月相比,情绪排名升幅最大的五大行业分别是:农林牧渔、综合、金融、轻工制造、建筑材料(见图5-13)。

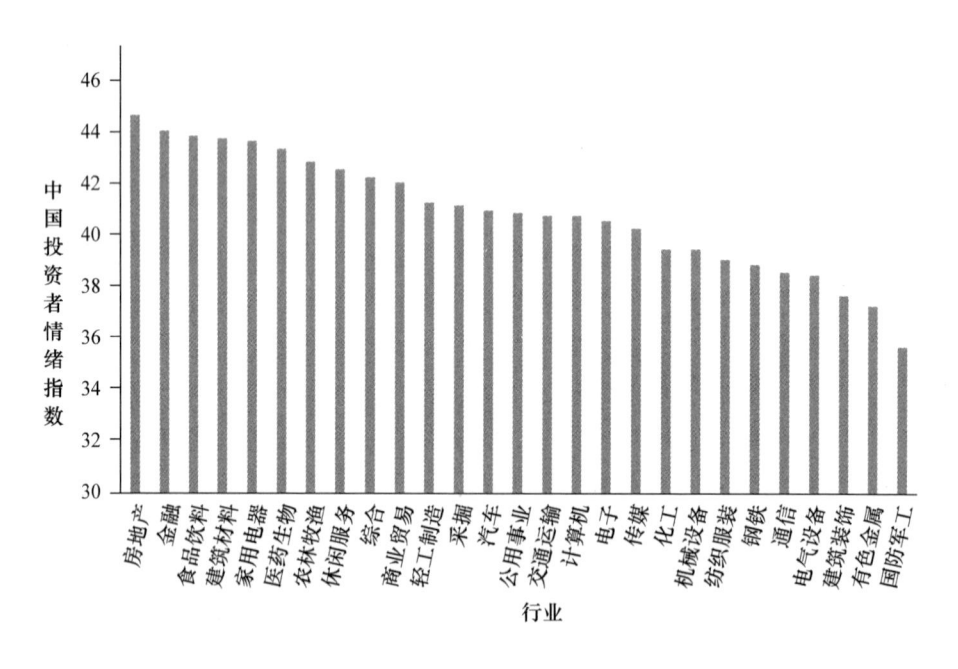

图5-13 2019年10月中国投资者情绪行业子指数平均排名

(3)不同风格投资者情绪行业子指数

金融、消费风格的投资者情绪指数较上月小幅上升,成长、周期、稳定小幅下跌。

2019年10月,投资者情绪指数按风格排序分别是金融(44.2)、消费(43.5)、周期(40.1)、成长(39.9)、稳定(39.8)。金融风格的投资者情绪指数较上月上升明显,消费风格投资者情绪指数较上月小幅上涨。周期、成长、稳定较上月小幅下降。整体而言，本月不同风格的投资者情绪指数分歧较大（见图5-14）。

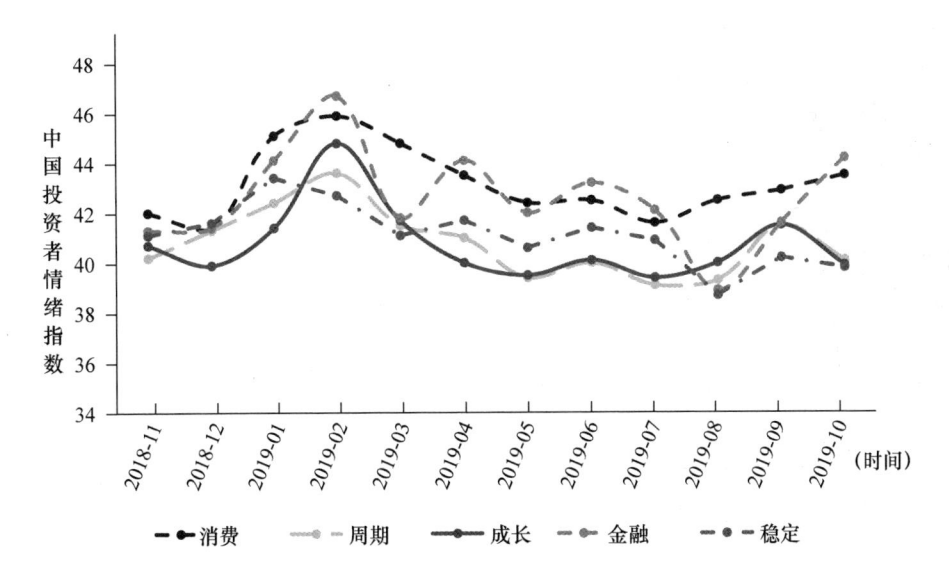

图5-14　中国投资者情绪风格子指数：2018-11—2019-10

3. 总结

本月投资者关注度指数较上月基本保持不变，存在筑底迹象。从投资者情绪来看，受中美贸易问题取得实质性进展、英国退欧不确定性以及国内通胀等因素影响，本月投资者情绪指数持续上月反弹势态，但反弹幅度有限。从板块角度来看，创业板、上证50和中小板较上月均有不同程度的反弹，中证500小幅回调。就行业而言，10月房地产、金融、食品饮料、建筑材料、家用电器等行业的投资者情绪指数表现最好。从风格来看，金融、消费风格的投资者情绪指数较上月小幅上升，成长、周期、稳定小幅下跌。总体来看，中美贸易问题得到缓解，投资者情绪得到一定的提振，但市场对全球经济前景的担忧和英国脱欧进程曲折，以及国内投资者对经济滞胀的担忧一定程度上影响了情绪走势。

◇◇ 第三节　2019年11月中国投资者情绪指数

2019年11月：投资者关注度维持低位，情绪指数小幅回调

- 2019年11月投资者关注度为195.8，与上月小幅上升。
- 投资者情绪指数为42.2，较上月下降了1.9%。
- 各大板块悉数回调，中小板块、上证50和创业板块下跌明显。
- 建筑材料、家用电器、食品饮料、医药生物、金融向好。
- 金融、消费、成长风格的投资者情绪指数较上月下跌，周期、稳定小幅上升。

1. 中国投资者情绪指数一级指数

（1）关注度指数

关注度指数反映了投资者的活跃程度，2019年11月投资者关注度指数为195.8，较2019年8月的183.8略微上升了6.5%，继续维持在近期底部区域。本月上证综指在2800—3000点呈现窄幅震

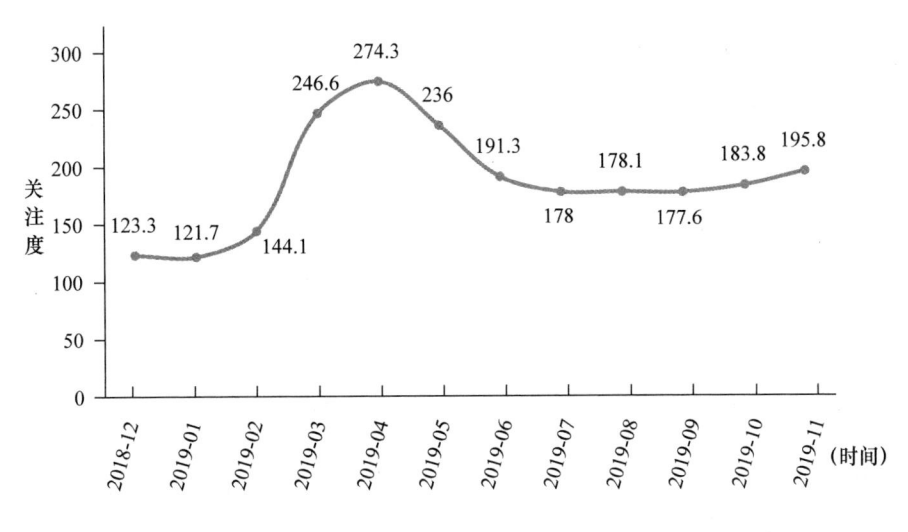

荡走势，市场活跃度较平稳（见图5-15）。

图 5-15 投资者关注度指数：2018-12—2019-11

（2）情绪指数

2019年11月中国投资者情绪指数（CISI）为42.2。这一数值较上月较小幅下降，较上月下降了1.9%，未能延续上月反弹，投资者情绪较上月悲观情绪增加。

本月发生的重大事件包括：国际方面，中美双方同意若达成"第一阶段"贸易协议，将分阶段取消在长达16个月的贸易对峙中对彼此商品加征的关税，受此影响，全球主要国家股市有不同程度上涨；美国众院、参院先后通过《香港人权及民主法案》，严重侵犯中国主权，中美关系紧张增加了国际局势不确定性。国内方面，本月公布的经济金融统计数据中，CPI续升，通胀预期升温，信贷社融回落明显，经济下行风险依然存在。整体而言，月初中美贸易问题得到缓解，投资者情绪得到一定的提振，但中美关系紧张局势影响了投资者的信心，国内经济数据欠佳，进一步打击了投资者的预期，影响了投资者情绪走势。在此背景下，股市较上月小幅下滑，整月呈现震荡下行走势（见图5-16）。

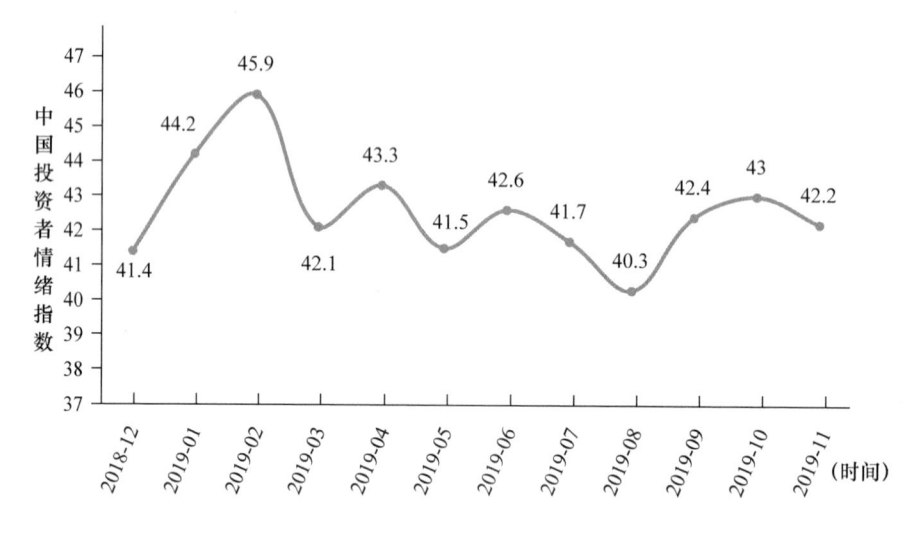

图 5-16　中国投资者情绪月度指数：2018-12—2019-11

就日度投资者情绪指数看，本月投资者情绪最低值为 38.9，最高值为 47.7，月初和月末振幅较大，整体呈现窄幅向下走势（见图 5-17）。

为了对比市值大小与情绪指数之间的关系，我们将沪深 300 指数的成分股按照市值大小分为 10 等份，分别计算最大市值组股票和最小市值组股票的情绪指数，并给出最大市值股票组和最小市值股票组的情绪指数走势（见图 5-18）。2019 年 11 月，最小市值组投资者情绪和最小市值组投资者情绪均呈现窄幅震荡走势，两者走势

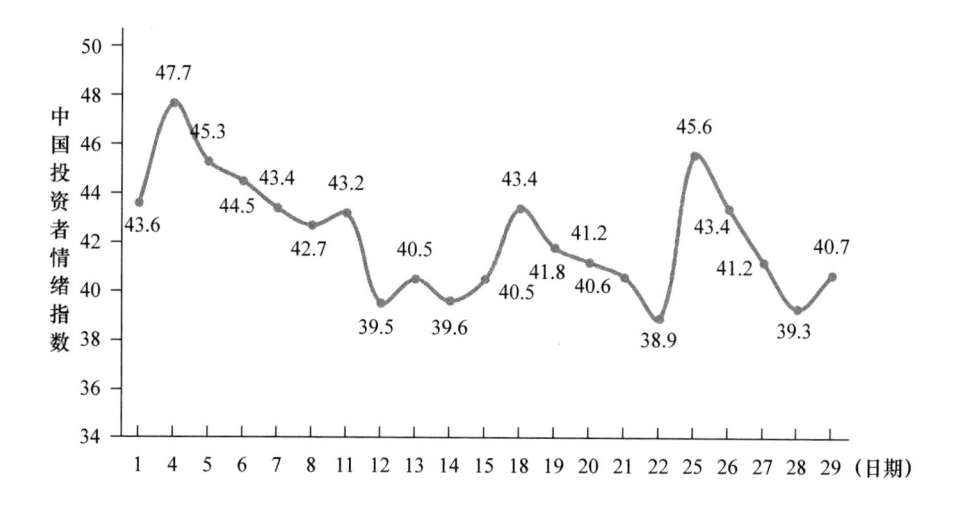

图 5-17　2019 年 11 月中国投资者情绪日度指数

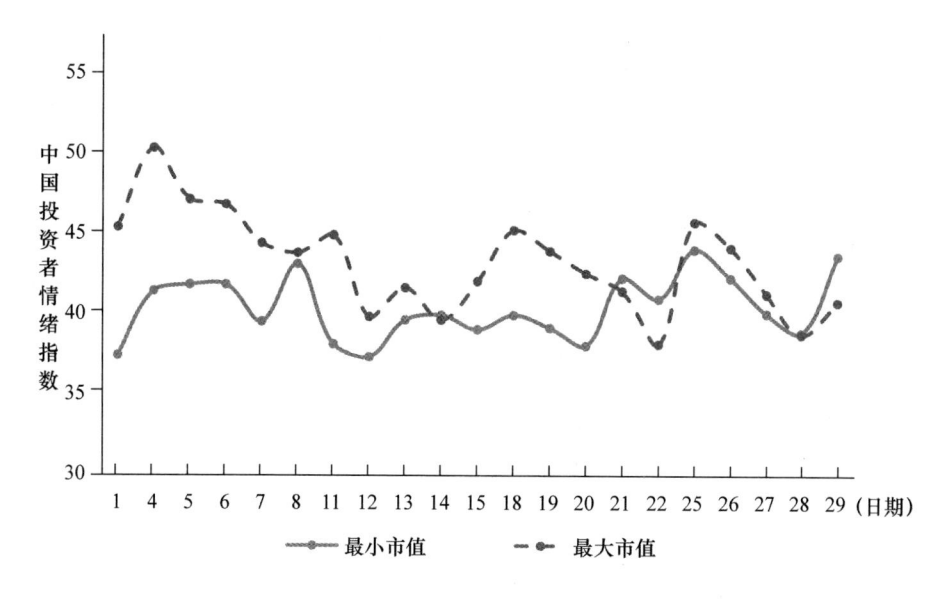

图 5-18　2019 年 11 月不同市值中国投资者情绪日度指数

除了部分交易日走势相悖以外大部分交易日走势大致相当。总体来看，最小市值组股票情绪指数值依然处于最大市值组股票下方，反映了蓝筹股的投资者情绪比小市值股票更乐观,市场避险氛围浓厚。

2. 中国投资者情绪指数二级指数

(1) 投资者板块情绪子指数

各大板块悉数回调,中小板块、上证50和创业板块下跌明显。

2019年11月,上证50投资者情绪指数为42.7,较上月下跌了2.7%,为本月上升幅度最大的板块;创业板投资者情绪指数43.5,较上月下跌了2.68%,投资者情绪指数较其他板块而言仍然是最高;中小板投资者情绪指数为41.2,较上月下跌了1.9%;中证500投资者情绪指数为39.9,较上月下跌了0.5%,跌幅最小,但投资者情绪指数也最低(见图5-19)。

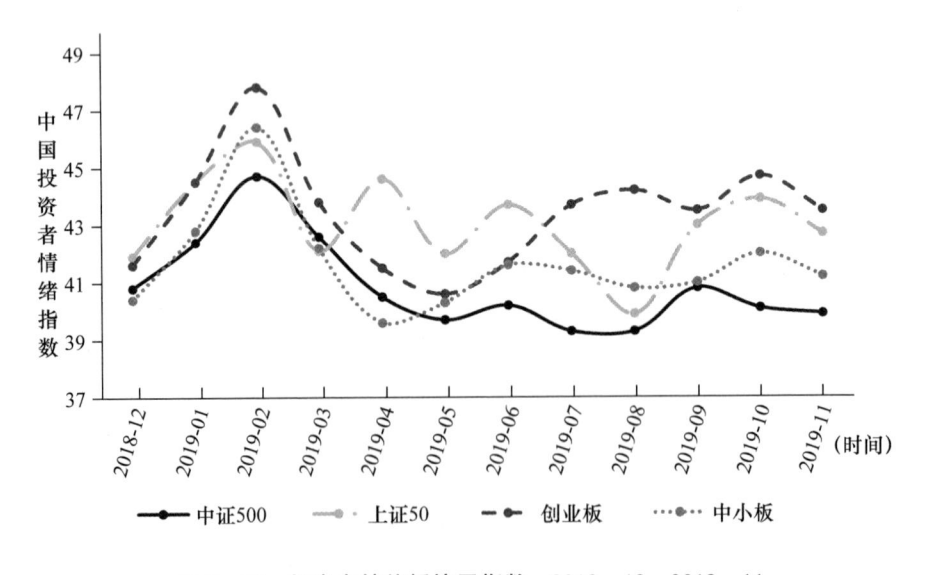

图5-19 投资者情绪板块子指数:2018-12—2019-11

各大板块单日情绪指数显示，本月各大板块情绪指数整月表现出震荡走势，上证50投资者情绪指数波动明显，创业板投资者情绪指数整体较高，中证500低于其他板块。本月各个板块投资者情绪指数在37—49震荡，振幅区间较大，投资者情绪指数月初高于月末，整体走势略微向下（见图5–20）。

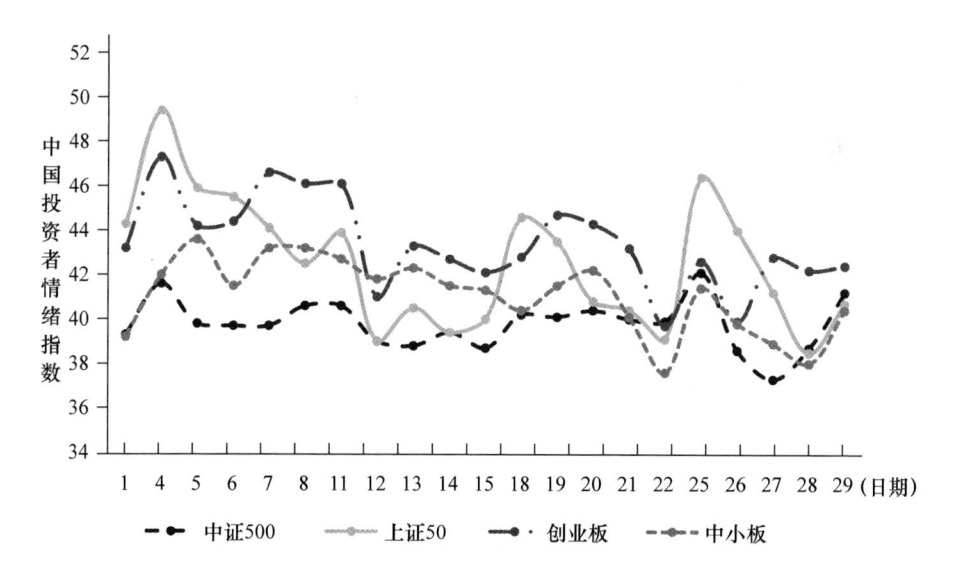

图5–20 2019年11月中国投资者情绪指数单日表现（分板块）

（2）行业投资者情绪子指数

11月建筑材料、家用电器、食品饮料、医药生物、金融向好。

从月度行业情绪看，2019年11月投资者情绪最为乐观的五大行业分别是建筑材料（45.8）、家用电器（45.3）、食品饮料（44.7）、医药生物（42.4）、金融（41.9）；最为悲观的五大行业分别是有色金属（38.6）、纺织服装（38.2）、建筑装饰（37.8）、通信（37.3）、国防军工（35.9）。值得注意的是素有行情走势风向标的金融业的投资者情绪也从上月的第2位小幅下降至本月的第5位。与上月相比，情绪排名升幅最大的五大行业分别是电气设备、电子、汽车、化工、传媒（见图5-21）。

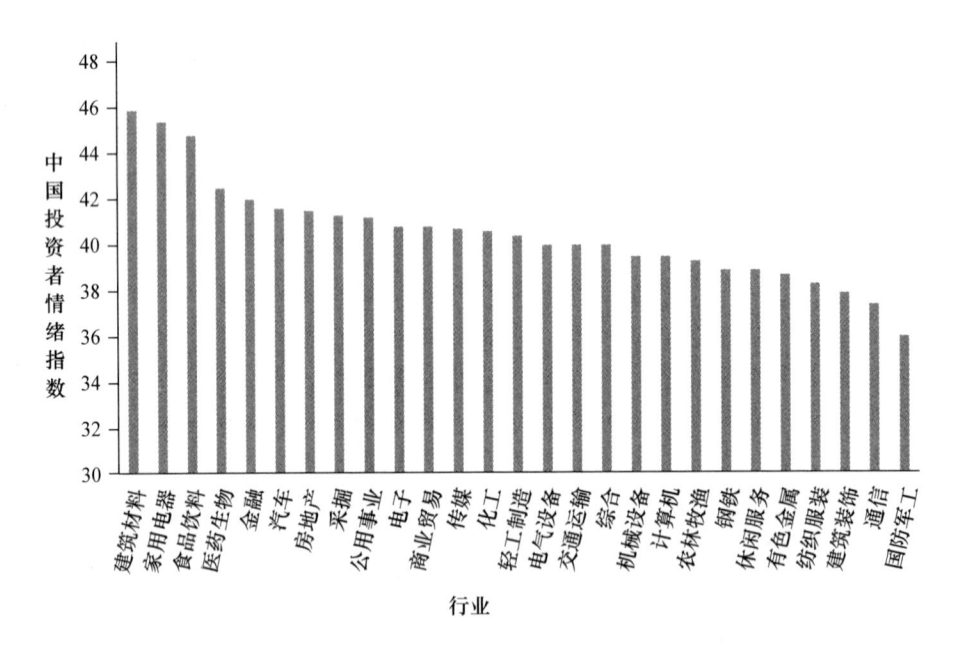

图5-21　2019年11月中国投资者情绪行业子指数平均排名

（3）不同风格投资者情绪子指数

金融、消费、成长风格的投资者情绪指数较上月下跌，周期、稳定小幅上升。

2019年11月，投资者情绪指数按风格排序分别是消费（43）、金融（41.8）、周期（40.4）、稳定（40.3）、成长（39.4）。金融风格的投资者情绪指数较上月下降明显，跌幅最大，消费、成长风格投资者情绪指数较上月小幅下降。周期、稳定较上月小幅上升。整体而言，本月不同风格的投资者情绪指数分歧较大（见图5－22）。

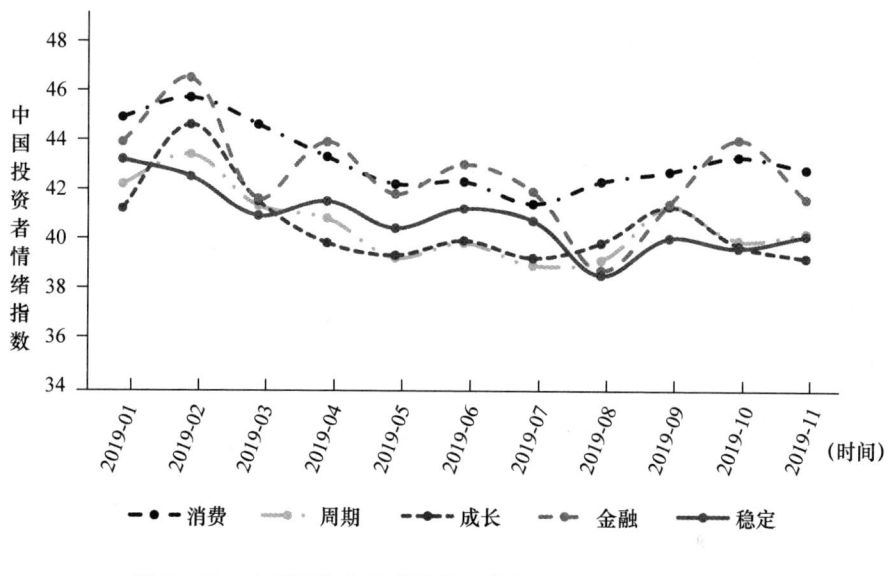

图5－22　中国投资者情绪风格子指数：2019－01—2019－11

3. 总结

本月投资者关注度指数较上月小幅上升，继续在底部区域。从投资者情绪来看，受中美贸易问题取得实质性进展利好兑现，以及中美关系紧张局势升温，国内经济数据欠佳等不利因素影响，本月投资者情绪指数较上月小幅下滑。从板块角度来看，各大板块悉数回调，中小板块、上证50和创业板块下跌明显。就行业而言，11月建筑材料、家用电器、食品饮料、医药生物、金融等行业的投资者情绪指数表现最好。从风格来看,金融、消费、成长风格的投资者情绪指数较上月下跌,周期、稳定小幅上升。总体来看,中美紧张局势和经济数据欠佳影响下,投资者情绪整月呈现下滑走势。

◇◇ 第四节　2019 年 12 月中国投资者情绪指数

> **2019 年 12 月:投资者关注度底部反弹,情绪指数显著上升**
>
> ● 2019 年 12 月投资者关注度为 215.6,与上月相比上升明显。
>
> ● 投资者情绪指数 43.8,较上月下降了 3.8%。
>
> ● 除中小板外,各大板块悉数上涨,上证 50 和中证 500 板块上升明显。
>
> ● 建筑材料、家用电器、金融、休闲服务、采掘等行业向好。
>
> ● 金融、周期、稳定、成长风格的投资者情绪指数较上月上升,消费小幅下降。

1. 中国投资者情绪指数一级指数

(1) 关注度指数

中国投资者关注度指数反映了投资者的活跃程度,2019 年 12

月投资者关注度指数延续了自7月以来的上升趋势,较2019年11月的195.8上升10.1%后达到了215.6,是2019年1月关注度的两倍多。本月上证综指在2800—3100点呈现上升震荡走势,市场活跃度受市场行情回暖影响明显提高(见图5-23)。

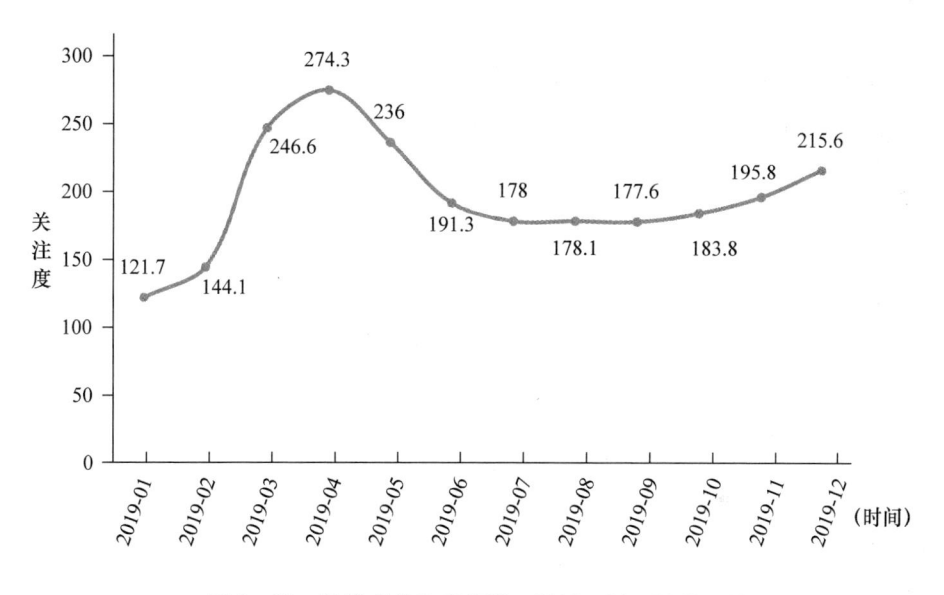

图5-23 投资者关注度指数:2019-01—2019-12

(2)情绪指数

2019年12月的中国投资者情绪指数(CISI)也延续了自8月以来的上升趋势,为43.8。这一数值比2019年11月上升了3.8%,反映出投资者乐观情绪增加。

本月发生的重大事件包括:国际方面,12月初,中美已就第一阶段经贸协议文本达成一致,且英国大选保守党胜利,改善了市场对全球经济前景的预期,主要国家和地区股市均有不同程度上涨。国内方面，12月10—12日中央经济工作会议召开，会议分析了当前经济形势，部署了2020年的经济工作。本月公布的金融统计数据也显示信贷整体改善，社融增速稳定；12月16日公布的经济数据也整体较好，工业生产反弹回升，基建托底投资趋稳，消费回升短期新高，经济企稳态势明显。整体而言，月初中美贸易问题得到缓解，投资者情绪得到一定的提振，国内经济数据企稳态势明显，进一步提振了投资者的预期，使投资者情绪走势更为乐观（见图5-24）。

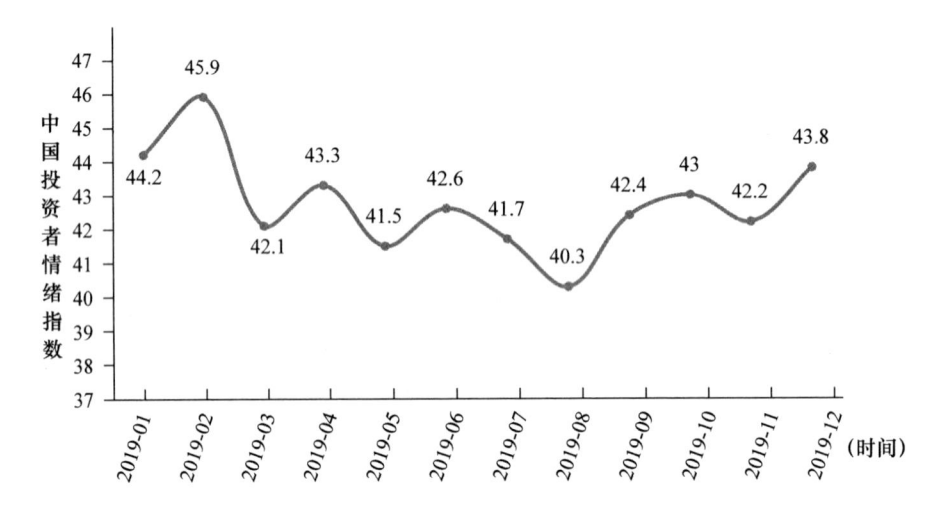

图5-24 投资者情绪月度指数：2019-01—2019-12

就日度投资者情绪指数看，本月投资者情绪最低值为41.3，最高值为47，较上月有较大幅度的上升。不过，整月投资者情绪振幅也较大，呈现出震荡上行走势（见图5-25）。

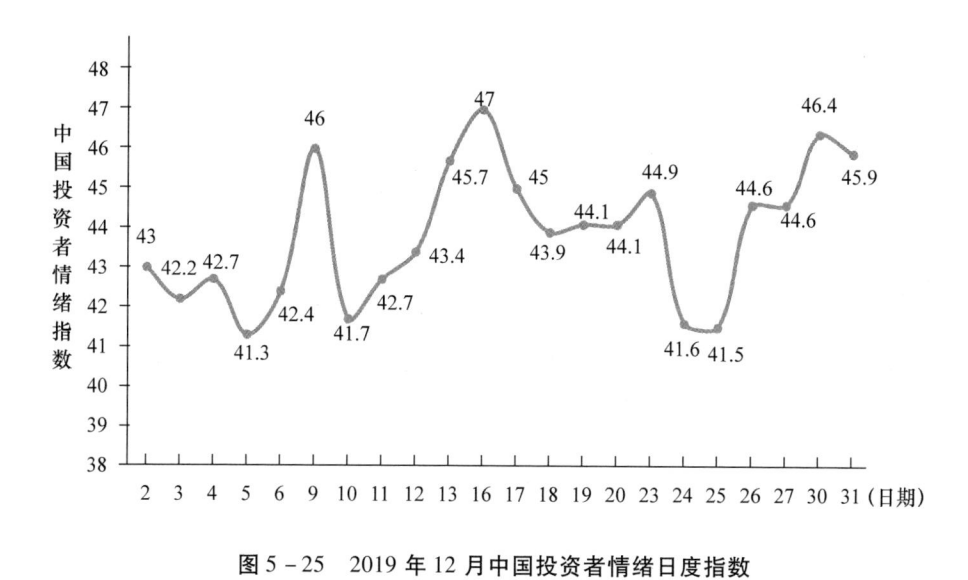

图 5-25　2019 年 12 月中国投资者情绪日度指数

2. 中国投资者情绪指数二级指数

（1）投资者板块情绪子指数

除中小板外，各大板块悉数上涨，上证 50 和中证 500 板块上升明显。

2019 年 12 月，上证 50 投资者情绪指数为 45.4，较上月上升了 6.3%，为本月上升幅度最大的板块，也是投资者情绪指数最高的板块；创业板投资者情绪指数为 43.7，较上月小幅上升了 0.45%；中小板投资者情绪指数为 40.9，较上月下跌了 0.7%，为本月唯一下跌的板块；中证 500 投资者情绪指数为 41.2，较上月上升了 3.2%（见图 5-26）。

各大板块单日情绪指数显示，本月各大板块情绪指数整月表现

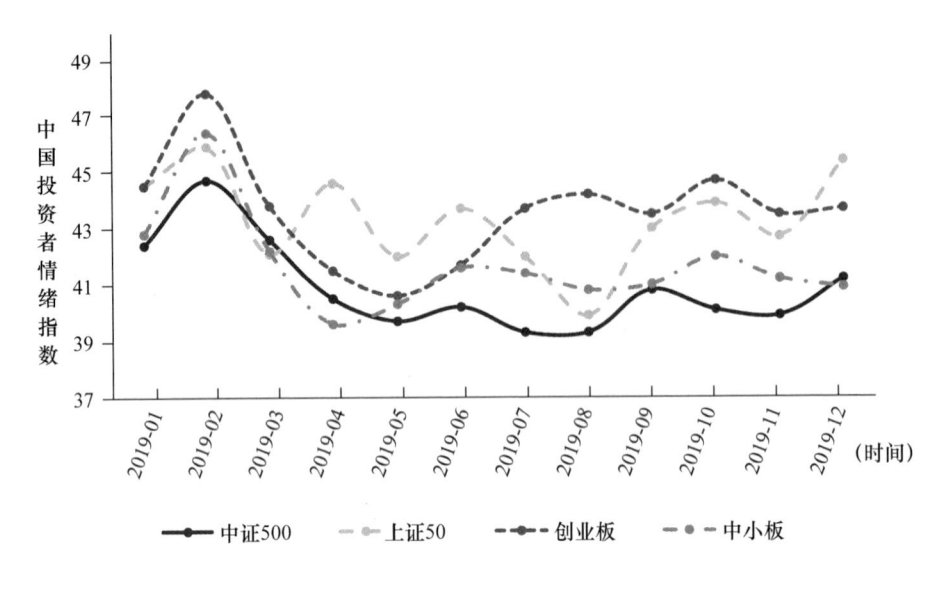

图 5 - 26　投资者情绪板块子指数：2019 - 01—2019 - 12

出震荡走势，上证 50 投资者情绪指数整体处于较高水平，中小板和中证 500 投资者情绪指数低于其他板块。本月各个板块投资者情绪指数在 37—50 震荡，振幅区间较大，月末振幅整体要高于月初振幅水平（见图 5 - 27）。

（2）行业投资者情绪子指数

12 月建筑材料、家用电器、金融、休闲服务、采掘等行业向好。

从月度行业情绪看，2019 年 12 月投资者情绪最为乐观的五大行业分别是建筑材料（45.3）、家用电器（45.2）、金融（45.1）、休闲服务（44.1）、采掘（43.9）；最为悲观的五大行业分别是钢铁（40.6）、农林牧渔（40）、建筑装饰（39.8）、纺织服装（39.6）、

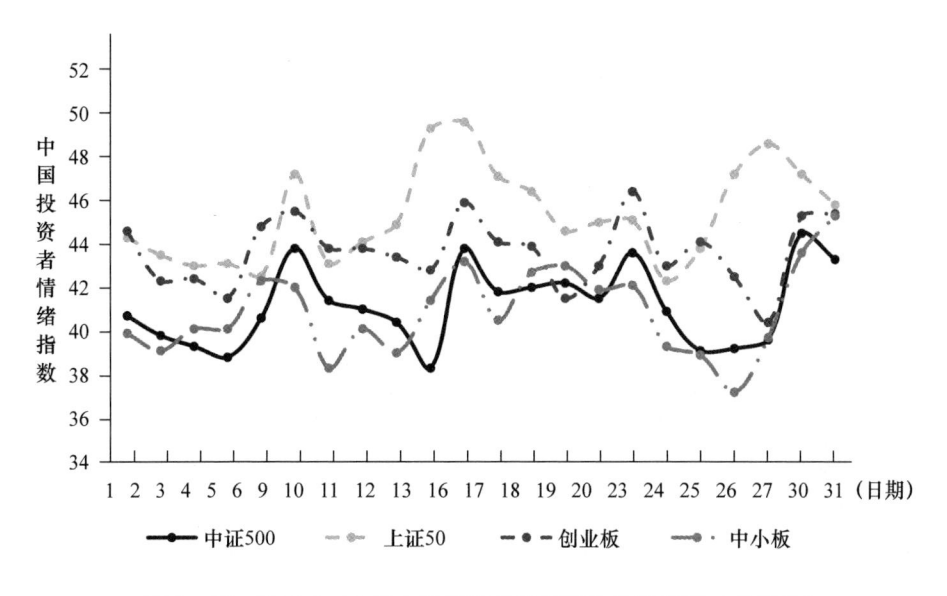

图 5-27 2019 年 12 月中国投资者情绪指数单日表现（分板块）

国防军工（38.7）。值得注意的是素有行情走势风向标的金融业的投资者情绪也从上月的第 5 位小幅上升至本月的第 3 位。与上月相比，情绪排名升幅最大的五大行业分别是休闲服务、有色金属、通信、传媒、机械设备（见图 5-28）。

为了进一步考察不同行业投资者情绪的变化，我们将投资者情绪按照 2019 年 12 月的平均情绪水平和方差分为四个象限。其中，情绪水平的排名值越高则表明投资者越乐观，而情绪方差的排名值越高则表明投资者的情绪波动越大。图 5-29 将 2019 年 12 月不同行业投资者情绪按照水平和方差排名画出四象限的分布，其中左上角为第一象限，是情绪排名高并且情绪波动小的行业，也就是投资者持续乐观的行业；右上角为第二象限，是情绪排名高同时情绪波

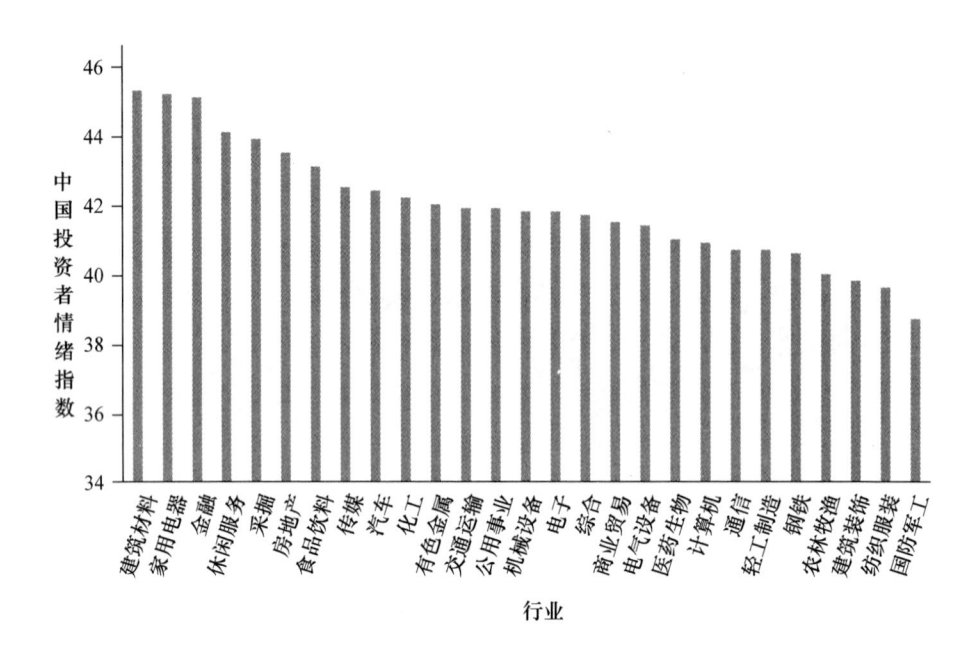

图 5-28　2019 年 12 月中国投资者情绪行业子指数平均排名

动也大的行业；左下角为第三象限，是情绪排名低同时波动小的行业，也就是投资者持续悲观的行业；而右下角为第四象限，是情绪排名低同时波动也大的行业。从图 5-29 可以看出，2019 年 12 月，投资者对休闲服务、建筑材料、家用电器和房地产等行业持续乐观，持续悲观行业则包括国防军工、建筑装饰等行业。纺织服装、轻工制造、医药生物等行业投资者情绪偏悲观但总体情绪波动大，而化工汽车等行业则是偏乐观但总体波动也比较大。

（3）不同风格投资者情绪子指数

金融、周期、稳定、成长风格的投资者情绪指数较上月上升，消费小幅下降。

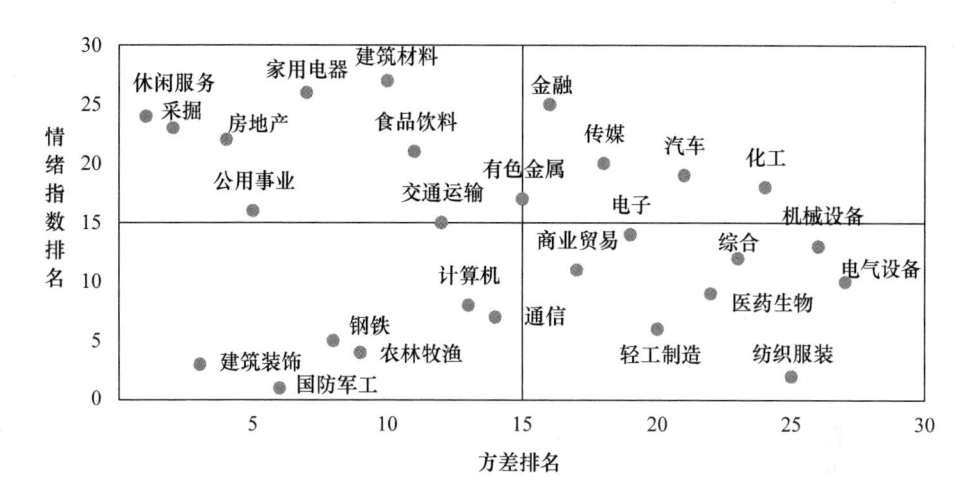

图 5-29 2019 年 12 月中国投资者情绪行业子指数水平和方差排名

2019 年 12 月，投资者情绪指数按风格排序分别是消费（45.1）、金融（44.1）、稳定（43.4）、周期（42.4）、成长（41.4）。金融风格的投资者情绪指数较上月上升明显，带动整体情绪上升，消费风格投资者情绪指数较上月小幅下降，为唯一下跌的风格指数。周期、稳定、成长较上月小幅上升。整体而言，本月除消费外不同风格的投资者情绪指数较上月均有不同程度的上升（见图 5-30）。

3. 总结

本月投资者关注度指数较上月上升明显，摆脱底部区域。从投资者情绪来看，受中美已就第一阶段经贸协议文本达成一致，以及国内经济数据企稳等因素影响，本月投资者情绪指数较上月显著上升。从板块角度来看，除中小板外，其他各大板块悉数上涨，上证

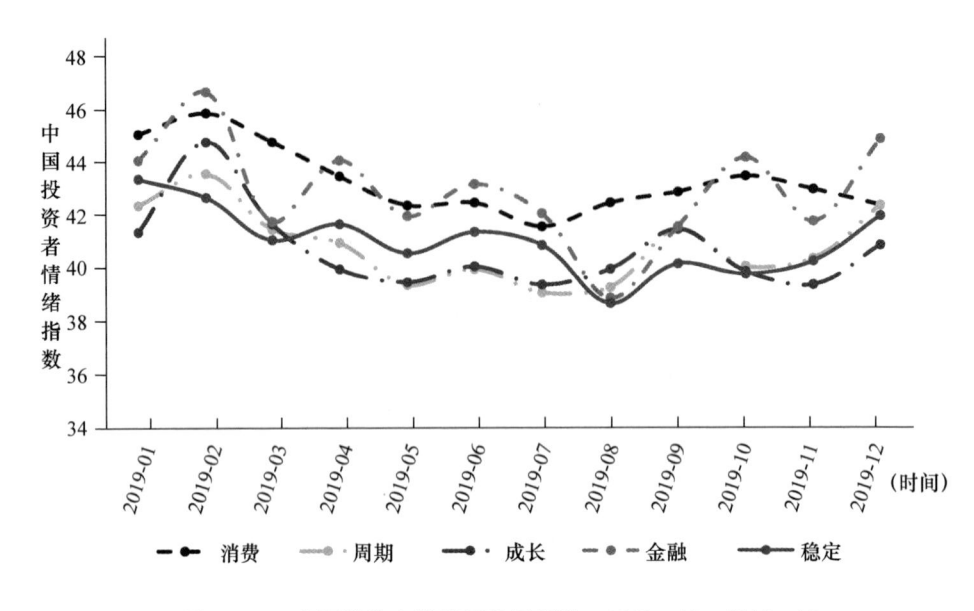

图 5-30 中国投资者情绪风格子指数：2019-01—2019-12

50 和中证 500 板块上升明显。就行业而言，12 月建筑材料、家用电器、金融、休闲服务、采掘等行业的投资者情绪指数表现最好。结合情绪水平和波动程度可知，本月投资者持续看好的行业包括休闲服务、建筑材料、家用电器和房地产等。从风格来看，金融、周期、稳定、成长风格的投资者情绪指数较上月上升，消费风格小幅下降。总体来看，中美贸易达成阶段性成果和经济数据企稳影响下，投资者情绪整月呈现显著上升走势。

第 六 章

中国投资者情绪指数 2019 全年小结

2019年是新中国成立70周年,也是不平凡的一年。这一年发生了不少重大事件,均影响了中国投资者的关注度和情绪变化。本章第一节我们首先梳理本年发生的影响金融市场的国内外重大事件,第二节简单介绍中国投资者情绪指数(China Investors' Sentiment Index, CISI)体系,第三节介绍中国投资者情绪指数一级指数在2019年的走势,第四节介绍二级指数基本走势,第五节总结。

◇◇ 第一节 2019年影响中国投资者情绪指数的重大事件

2019年是新中国成立70周年、五四运动一百周年的特殊年份,本年在国内外也发生不少大事。在本小节,我们按照时间顺序,梳理影响投资者关注度和情绪的重大国内外事件。

1月4日,中国人民银行(下文简称央行)决定下调金融机构存款准备金率1个百分点;新一轮中美贸易磋商进展积极,刘鹤副总理于 1 月底访美磋商经贸问题；中国证监会于 1 月 30 日发布《关于在上海证券交易所设立科创板并试点注册制的实施意见》。

2 月 14 日，中办、国办印发《关于加强金融服务民营企业的若干意见》以支持民营经济；中美贸易磋商进展积极，美联储宣布维持联邦基金利率不变并暗示将于年内结束缩表。

3 月 1 日，证监会正式发布《科创板首次公开发行股票注册管理办法（试行）》和《科创板上市公司持续监管办法（试行）》；中美经贸磋商取得实质进展，英国议会投票否定无协议脱欧。

4 月 19 日，中央政治局召开会议，强调加快推进金融供给侧结构性改革，要坚持房子是用来住的、不是用来炒的定位，重提供给侧结构性改革；本月各大上市公司密集披露 2018 年年报和 2019 年第一季度报数据。

美国总统特朗普表示 5 月 10 日起对中国商品加征关税，对中国 2000 亿美元输美商品上调关税税率至 25%，同时，美国商务部正式把华为技术有限公司以及其 68 家关联企业列入出口管制"实体清单"，贸易战进一步升级；央行宣布决定从 2019 年 5 月 15 日开始对聚焦当地、服务县域的中小银行，实行较低的优惠存款准备金率。

6 月 13 日，科创板正式开板；6 月 27 日，日本大阪召开的 G20 大阪峰会中，中美两国举行会晤并决定重启两国经贸磋商，全球贸易环境趋好，刺激了股市回暖。

中美经贸磋商于 2019 年 7 月重启。2019 年第二季度经济数据于 7 月公布，投资和消费增速反弹均大幅超过市场预期；7 月 22 日科创板如期正式交易；7月30日中央政治局召开会议，首次强调不将房地产作为短期刺激经济的手段。

8月24日，美国总统特朗普宣布从10月1日起将2500亿美元中国输美商品加征关税税率从25%提高至30%，并计划对其余3000亿美元中国输美商品加征关税税率从原定的10%提高至15%，中美贸易紧张局势陡增；在岸人民币"破7"。

9月6日，央行宣布下调金融机构存款准备金率；1099只A股纳入标普新兴市场指数；9月14日，石油生产国沙特阿拉伯的两处主要石油设施遭无人机攻击引发大火，国际原油价格暴涨。

10月1日，中华人民共和国成立70周年纪念日在北京隆重召开；中美经贸磋商取得实质性进展；美联储下调联邦基金利率25个基点至1.5%—1.75%。

11月7日，中美双方同意若达成"第一阶段"贸易协议，将分阶段取消在长达16个月的贸易对峙中对彼此商品加征的关税；国内公布的经济金融统计数据中，CPI续升，通胀预期升温，信贷社融回落明显。

12月初，中美已就第一阶段经贸协议文本达成一致，并且英国大选保守党胜利，国内方面，12月10—12日中央经济工作会议召开，会议分析了当前经济形势，部署了2020年的经济工作；本月，武汉市华南海鲜市场陆续出现不明原因肺炎病人，但由于影响范围较小，尚未引起足够重视。

◇◇ 第二节 2019年中国投资者情绪指数一级指数

1. 关注度指数

2019年的关注度指数为189.4，其绝对值处于2008—2019年这12年的中等水平，但确实各年中股灾（2015）外的关注度最高年份。股灾后，2016—2018年关注度水平大体持平，而2019年有较为明显的上扬（见图6-1）。

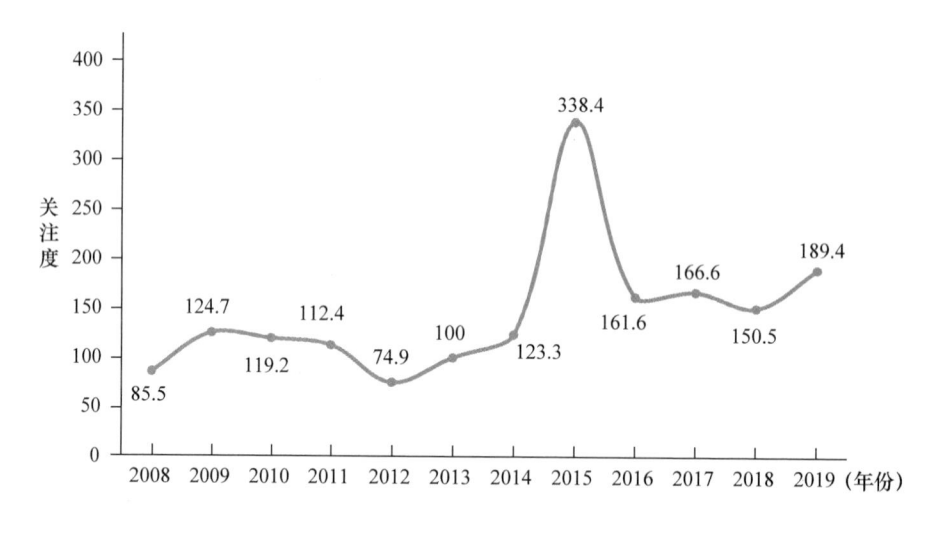

图6-1 投资者关注度指数：2008—2019

图6-2报告了2019年月度关注度指数。可以看到关注度从1月起出现爬升，3月和4月上升最为迅速，并在4月达到全年最高值

274.3，这与3月和4月A股市场经历了一波短暂的上涨有关。关注度指数在4月达到峰值后开始下滑，且下半年各月份均处于相对稳定的水平。整体而言，2019年关注度指数上半年波动较大，下半年则较为平稳（见图6-2）。

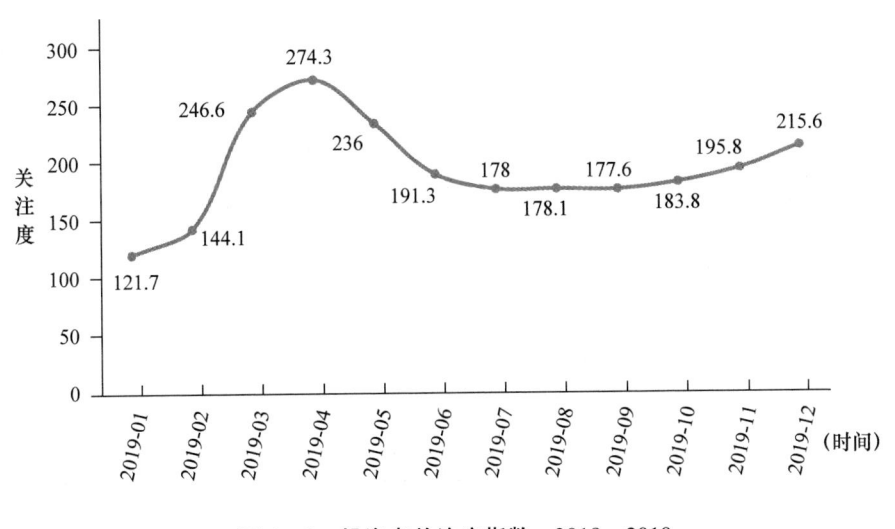

图6-2 投资者关注度指数：2018—2019

2. 情绪指数

2019年中国投资者情绪指数月度均值为42.75，最高值是2月的45.9，主要是因为中美贸易磋商进展积极、科创板试点注册等利好政策推动，最低值则是8月的40.3，主要是因为美国总统特朗普突然宣布对中国输美产品加征关税，导致中美贸易紧张局势陡增，引发投资者担忧。全年在一个小箱体里窄幅震荡，月初和月末的投资者情绪指数明显高于其他月份，大致呈现"U"形走势，两边高，中间低（见图6-3）。

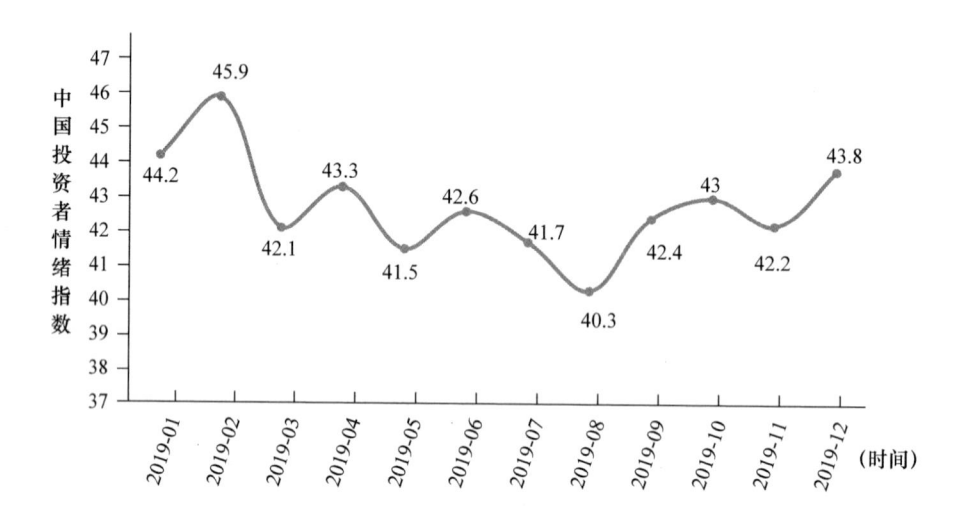

图6-3　中国投资者情绪月度指数：2019.1—2019.12

图6-4展示了2008—2019年中国投资者情绪指数月度走势图。

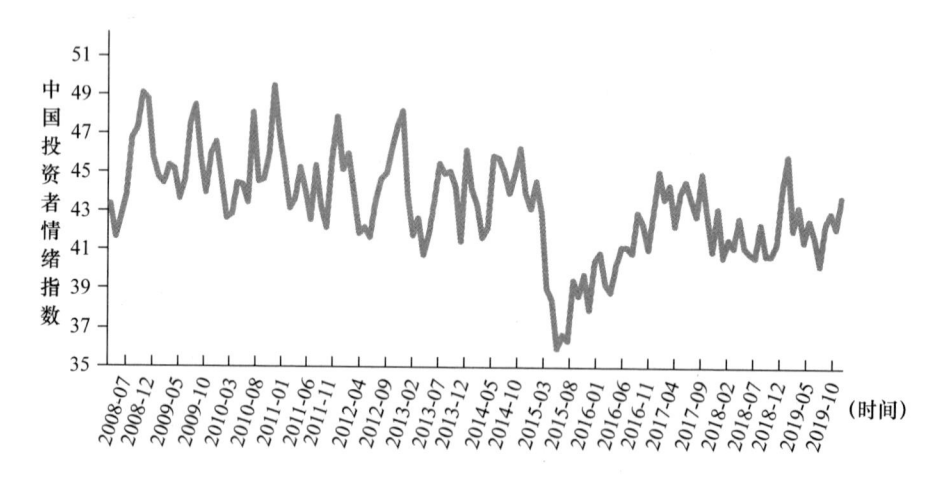

图6-4　中国投资者情绪指数：2008.7—2019.10

其中，在股灾发生的2015年7月至2019年年末，2019年各月的中国投资者情绪指数处于相对中部偏上位置，而从2008年7月至2019年3月，2019年各月的中国投资者情绪指数处于中部位置。整体而言，2019年各个月份投资者情绪指数从长期来看和短期来看均处于相对中间的位置。

◇◇ 第三节　中国投资者情绪指数二级指数

1. 投资者板块情绪子指数

2019年各个板块投资者情绪指数月度均值分别为中证500（40.9）、上证50（43.3）、创业板（43.6）、中小板（41.7），其中创业板的投资者情绪指数月度均值最高，曲线整体处于其他板块之上，上证50其次，中证500的投资者情绪指数月度均值最低，其曲线处于其他板块曲线之下。整体而言，各大板块之间在2019年全年走势基本一致，与2019年中国投资者情绪指数的走势也基本一致，但也有走出独立趋势的部分。比如2019年3月到6月，上证50和其他板块的投资者情绪指数走势相反，其他板块的投资者情绪指数在这期间均走低，但上证50投资者情绪指数则保持相对较高的位置（见图6-5）。

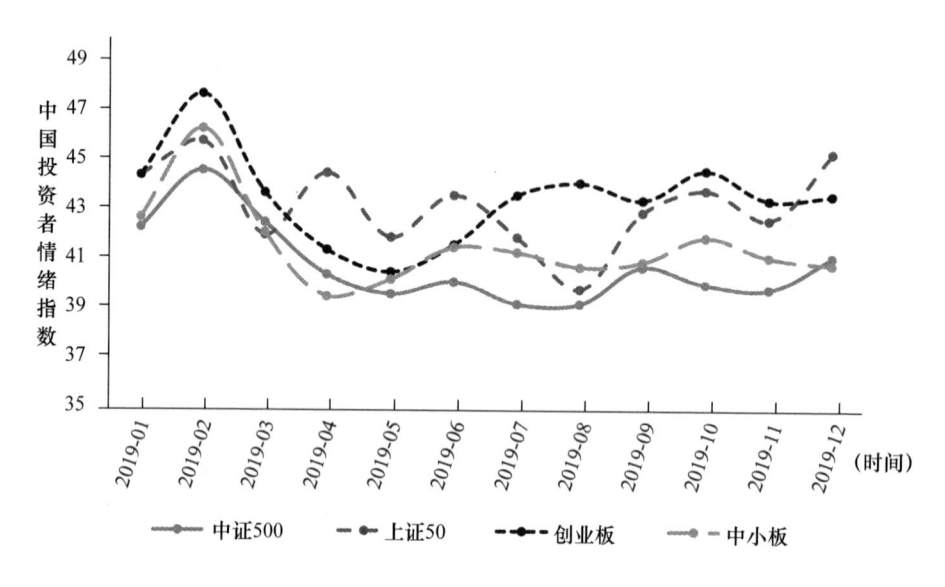

图 6-5　中国投资者情绪板块子指数：2019.1—2019.12

2. 行业投资者情绪子指数

总体来看，2019 年投资者情绪最为乐观的五大行业分别是休闲服务（45.9）、食品饮料（44.9）、建筑材料（43.2）、家用电器（43.1）、金融（43）；最为悲观的五大行业分别是国防军工（39.4）、有色金属（39.3）、纺织服装（39.2）、通信（39）、建筑装饰（38.6）（见图 6-6）。

除了投资者情绪的水平值之外，我们进一步考察情绪的波动情况。图 6-7 将 2019 年投资者情绪按照平均情绪水平和方差分为四个象限。其中，左上象限是情绪水平高、波动低，表明投资者持续乐观；右上象限是情绪水平高、波动高，反映一个月内对该行业不

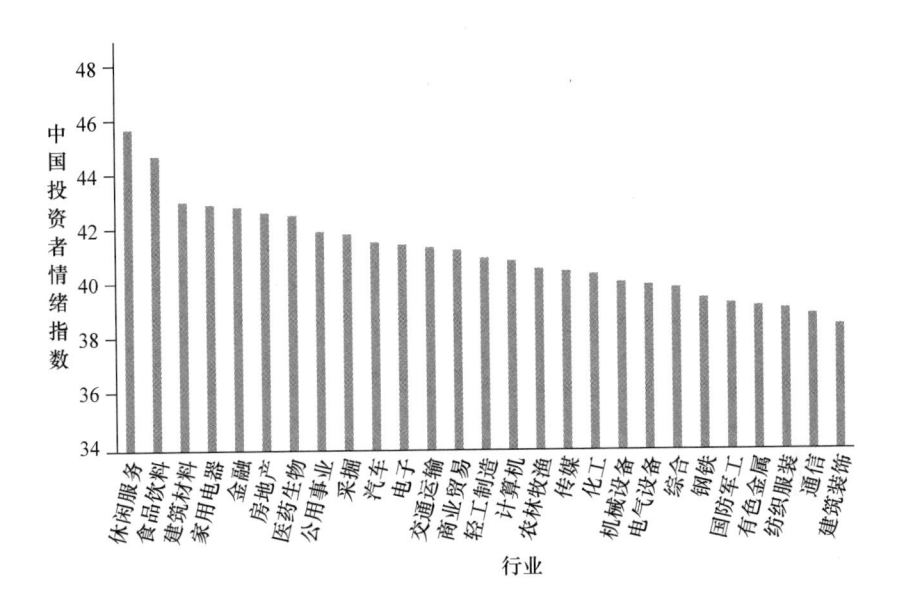

图 6-6 2019 年中国投资者情绪行业子指数平均排名

同投资者虽然总体看好但不一致程度也较高；左下象限为情绪低、波动低，说明投资者当月对该行业较悲观；而右下象限则是情绪低、波动高，说明在悲观的基调下也有乐观的要素。总体来看，2019 年投资者对休闲服务、建筑材料、金融等行业持续乐观，国防军工、建筑装饰等行业情绪水平相对较低，房地产、公共事业等行业情绪总体水平高但是波动大，而纺织服装等行业投资者情绪偏悲观且情绪波动也比较大。

在 2019 年 1 月到 12 月中，投资者情绪指数排名上升最大的行业是有色金属行业，由 1 月第 24 位上升至 12 月的第 11 位，上升了 13 位；其次是建筑材料行业，由 1 月第 13 位上升至 12 月的第 1 位，上升了 12 位。投资者情绪指数排名下跌最大的行业是农林牧渔

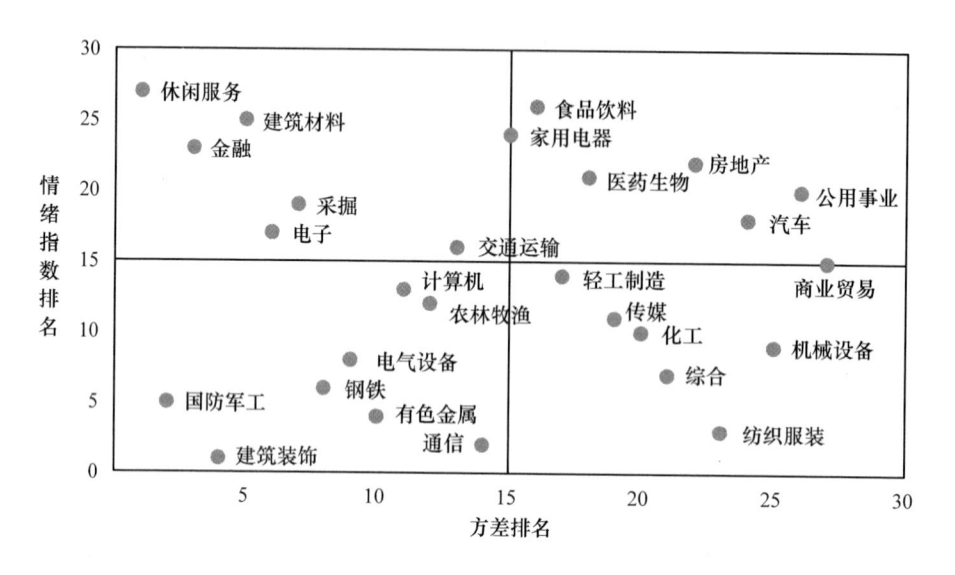

图 6-7 2019 年中国投资者情绪水平和方差排名

行业,由 1 月的第 10 位下降至 12 月的第 24 位,下跌了 14 位;其次是国防军工行业,由 1 月的第 15 位下降至 12 月的第 27 位,下跌了 12 位。

在 2019 年 12 个月中,食品饮料的投资者情绪指数排名最稳定,平均排名为第 2 位,其次是生物医药,平均排名为第 7 位;相反,电子行业的投资者情绪指数排名波动最大,其次是休闲服务和金融行业。

在 2019 年 12 个月中,投资者情绪指数排名均值最高的是休闲服务行业,排名均值为第 1 位,其次是食品饮料,排名均值为第 2 位;投资者情绪指数排名均值最低的是建筑装饰,排名均值为第 25 位,其次是纺织服装,排名均值为第 24 位。

3. 不同风格股票的投资者情绪

2019年各大不同风格的投资者情绪指数月度均值分别为消费（43.3）、周期（40.9）、成长（40.7）、金融（43）、稳定（41.1）。整体而言，消费风格的投资者情绪指数最高，其趋势线位于其他风格之上，反映了2019年消费风格的投资者情绪普遍较高，投资较活跃。而成长风格的投资者情绪指数月度均值较低，其趋势线也位于其他风格的趋势线之下。不同风格的投资者情绪指数走势大致相同，均呈现月初和月末指数值较高，月中指数值较低的趋势，大致呈现宽底的"U"形走势（见图6-8）。

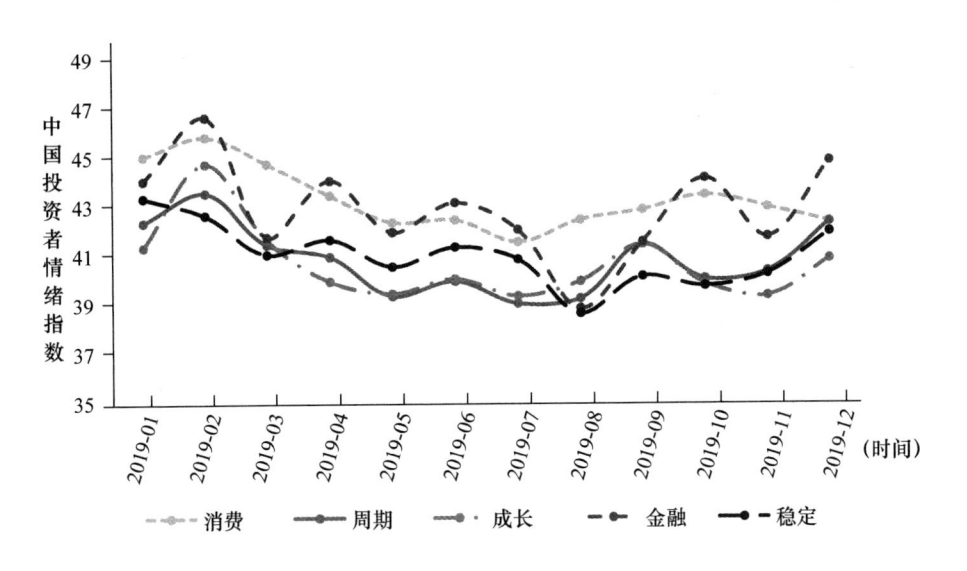

图6-8 中国投资者情绪风格子指数：2019.1—2019.12

◇◇ 第四节 总结

2019年是新中国成立70周年,也是不平凡的一年。这一年中美贸易谈判走势深刻影响了经济和金融市场,从而影响中国投资者情绪指数走势。2019年的关注度指数为189.4,在过去12年中关注度指数排名仅次于2015年,位列第二,而月度平均关注度指数为195.24。2019年中国投资者情绪指数月度均值为42.75,最高值是2月的45.9,最低值则是8月的40.3,全年在一个小箱体里窄幅震荡,月初和月末的投资者情绪指数明显高于其他月份,大致呈现"U"形走势,两边高,中间低。2019年各个板块投资者情绪指数月度均值最高的为创业板,最低的为中证500。2019年投资者情绪最为乐观的五大行业分别是休闲服务、食品饮料、建筑材料、家用电器、金融;最为悲观的五大行业分别是国防军工、有色金属、纺织服装、通信、建筑装饰,综合考虑情绪指数排名和方差排名后发现。2019年投资者对休闲服务、建筑材料、金融等行业持续乐观,对国防军工、建筑装饰等行业情绪水平相对较低。2019年不同风格中,消费投资者情绪指数最高,而成长风格的投资者情绪指数月度均值较低。

参考文献

Gentzkow, M., Kelly, B., Taddy, M., "Text as Data", Journal of Economic Literature, Vol. 57, No. 3, 2019.

Goodfellow, I., Bengio, Y., Courville, A., *Deep Learning*, Cambridge, MA: MIT Press, 2016.

Hastie, T., Tibshirani, R., Friedman, J., *The Elements of Statistical Learning: Data Mining, Inference, and Prediction*, New York: NY: Springer, 2017.

James, G., Witten, D., Hastie, T., Tibshirani, R., *An Introduction to Statistical Learning, with Applications in R*, New York: NY: Springer, 2013.

Kim, Y., "Convolutional Neural Networks for Sentence Classification", In: Empirical Methods in Natural Language Processing, 2014.

LeCun, Y., Bottou, L., Bengio, Y., Haffner, P., "Gradient-based Learning Applied to Document Recognition", In: Proceedings of the IEEE, 1998, 86(11).

Loughran, T., McDonald, B., "When is A Liability Not A Liability? Textual Analysis, Dictionaries, and 10-Ks", *The Journal of Finance*,

Vol. 66, No. 1, 2011.

Loughran, T., McDonald, B., "Textual Analysis in Accounting and Finance: A Survey", Journal of Accounting Research, Vol. 54, No. 4, 2016.

Mikolov, T., Chen, K., Corrado, G., Dean, J., "Efficient Estimation of Word Representations in Vector Space", arXiv: 1301.3781, 2013a.

Mikolov, T., Sutskever, I., Chen, K., Corrado, G. S., Dean, J., "Distributed Representations of Words and Phrases and Their Compositionality", In: Advances in Neural Information Processing Systems, 2013b.

Zhang, X., Le Cun, Y. 2015. "Text Understanding from Scratch", arXiv: 1502.01710.

Zhang, X., Zhao, J., Le Cun, Y., "Character-level Convolutional Networks for Text Classification", In: Advances in Neural Information Processing Systems, 2015.